南京大学
奥美文创丛书

全媒体整合广告
策略与案例分析

朱江丽/编著

中国人民大学出版社
·北京·

序

杜骏飞
（南京大学新闻传播学院执行院长，教授，博士生导师）

2012 年伊始，传统媒体广告市场营业额大幅下滑。2015 年中国广告市场整体下滑 2.9%，而传统媒体广告全年损失更是高达 7.2%。2016 年传统媒体的广告市场还将继续触底。在如此严峻的发展情势之下，我们只能“穷则思变”。技术发展风驰电掣，市场变化迅雷不及掩耳，面对这些新发展、新变化，“适者生存”用于形容广告的发展与命运再适合不过。为适应媒介融合的新环境，撬动工业 2.0 的新市场，新型广告正在以前所未有的表现形式与表达方式进入我们线上线下生活的每一分钟。诚如本书编著者所说：“全新的整合营销传播理念与媒介融合环境，这双重因素共同推动了一个崭新的广告时代——全媒体整合广告时代的到来。”从这个意义上来说，全媒体整合广告是整合营销思想与新媒体技术的完美结合。

本书不仅创新性地提出了全媒体整合广告的概念，而且通过对时下优秀全媒体整合广告案例的全案分析与梳理，呈现出最前沿的广告策略与广告发展动态。全媒体整合广告策略集中于谋势、谋时、谋新、谋信，在这些战略思想之上借助媒介融合，尤其是社交新媒体，形成借势而为、无风起浪、相时而动、别出心裁、取信于人等一系列创新战略战术。

具体而言，第一章“借势而为”介绍了时下最流行的借助综艺节目与体育赛事的全媒体整合广告；第二章“无风起浪”描述了广告商利用抓人眼球的活动策划与打动人心的公益宣传活动策划去推动品牌或产品的宣传与营销；第三章“相时而动”介绍的是以节日为契机的优秀广告活动策划，以及成功的电商网络造节广告活动策划；第四章“别出心裁”和第五章“取信于人”分别从广告内容形式创新与社会资源整合的角度，借助全媒体技术的演绎，呈现优秀广告创意的最新潮流。

在理论分析全媒体整合广告的概念与发展趋势基础上，按照广告策略的线索，本书还收录了 2013—2014 年中国虎啸奖金奖、银奖和铜奖等获奖案例，通过详细的广告运作案例向读者介绍广告运作的市场背景与挑战、广告运作的目标、广告的核心创意与传播策略、广告运作的实施以及广告效果。这些全案分析，为读者了解创意的生发、传播策略的使用以及广告效果分析，提供了非常全面的信息，有助于读者形成系统分析的广告战略思想与因时就势的随机应变能力。

从这些意义上说，本书是一本有观点、有内容、有体系的广告案例教程，适合广大业界人士、广大教师与学生研究借鉴。

2016 年 4 月 20 日于南京

目 录

图表目录

导　论　全媒体整合广告概述

- 全媒体整合广告的背景与内涵
- 全媒体整合广告传播环境变迁
- 全媒体整合广告的特色与策略

“新媒体时代”的概念正在成为过去式，媒介融合不仅推动了传统媒介的生态变迁，而且推动了广告传播形态的变革。整合营销传播理念与媒介融合环境双重因素共同推动了一个崭新的广告时代——全媒体整合广告时代的到来。

第一节　全媒体整合广告的背景与内涵

广告是企业与消费者之间信息沟通的桥梁，没有广告，企业与消费者只能隔海相望，商品也难以完成“惊险的一跳”，实现其价值。在过去漫长的岁月中，担当着信息桥梁的广告经历了萌芽、发展和黄金阶段，却在信息技术飞速发展的今天，突然迷惘了！“互联网＋”的新产业变革、新营销方式、新媒体技术、分散的注意力、多样化的消费者……这些翻天覆地的变化让人眼花缭乱，对传统广告的发展提出了严峻的挑战，让广告人不得不感叹，路在何方？

尽管变化迅猛，但是透过现象看本质，我们喜出望外地发现，当下广告正在借助飞速发展的技术、迎合嬗变的消费群体而发展进步。更准确地说，2013 年以来广告是在以整合营销传播为精神，以新媒体技术发展与媒介融合为双翼展翅高飞。一个随着时代变化的全新的广告潮流——全媒体整合广告，正在席卷而来。

全媒体整合广告的发展是大势所趋。从理论上看，这种广告潮流也并非空穴来风，其实质是媒体技术发展与营销战略发展的一次碰撞与融合。下面通过几个关键词对全媒体整合广告产生的背景以及内涵进行理论梳理。

一、新媒体、媒介融合与全媒体时代

美国《连线》杂志对新媒体的定义是“所有人对所有人的传播”（Communications for all，by all）。联合国教科文组织则认为新媒体是“以数字技术为基础，以网络为载体进行信息传播的媒介”。事实上，新媒体是一个相对概念，是相对于传统媒体而言，具有新的信息传播技术与信息传播模式的媒介统称。新的信息传播技术是指以数字技术与网络技术为基础，以互联网、宽带局域网、无线通信网、卫星等为渠道，以及以电脑、手机、数字电视机等为终端，所形成的数字信息网络媒介。新的信息传播模式则是由新的传播技术促成传统传播模式发生改变的新格局，新的传播模式具备以下三个特征：一是受众接收信息的时间与场所更加自由，二是受众接收信息的内容与形式更加丰富，三是受众还可以作为传播源采用多种形式向他人继续传播信息。

新媒体的出现，给传统媒体的发展带来了极大的冲击。在压力中求生存的传统媒体不得不寻求变革，于是媒介融合发展成为当下媒体转型升级的重要课题。媒介融合，直观上看，即原先不同类型的媒介结合在一起。这一概念最初是由美国马萨诸塞州理工大学教授伊契尔·索勒·浦尔（Ithiel De Sola Pool）于 20 世纪 80 年代提出的，他认为“媒介融合就是指各种媒介呈现出多功能一体化的发展趋势”。美国新闻学会媒介研究中心主任安德鲁·纳齐森（Andrew Nachison）进一步将“融合媒介”定义为“印刷的、音频的、视频的、互动性数字媒体组织之间的战略的、操作的、文化的联盟”，从而将“媒介融合”的概念升华为不同媒介之间的战略合作。

随着市场与技术的发展，媒介融合的具体涵义不断被扩展。2003 年，美国西北大学

教授里奇·戈登（Rich Gordon）从“新闻业融合”的角度，将美国的“媒介融合”归纳为：所有权融合、策略融合、结构融合、信息采集融合与新闻表达融合。所有权融合与策略融合打破了不同类型媒介之间的界限，使得不同类型的媒介从内容与资源上进行共享。结构融合、信息采集融合与新闻表达融合共同实现了新闻采集与生产过程中的人员融通，技术多样，形式全面。也有学者把“媒介融合”划分为四个阶段，即媒介组织融合、媒介资本融合、传播手段融合、媒介形态融合。事实上不管如何定义媒介融合的涵义与类型，媒介融合是技术与市场冲击下媒体发展的大势所趋，体现了媒介产业结构、媒介内容生产与媒介传播渠道在竞争与合作中趋于一体化的过程。

全媒体是媒介融合的直观表现。从 2008 年起，全媒体作为传播媒介形态融合的代名词，便在各大报纸杂志、网络平台之中频繁出现。广义上理解，全媒体是指运用所有媒介手段与平台而形成的媒介体系，也是所有媒介的总和。这一总和，既可以是媒介手段的扩展，即“1 + 1 = 2”的形式；也可以是媒介手段的叠加与整合，即产生“1 + 1＞2”的效果。从媒介工作者的角度来看，全媒体要求新闻采写、编辑与传播多样化，实现不同媒介交融。从受众的角度来看，全媒体能够更加及时、便捷而全面地获得信息。

二、整合营销传播的发展

整合营销传播是市场营销理论最重要的组成部分。随着营销实践的不断发展，整合营销传播的内涵愈来愈丰富，关于整合营销传播的定义也不断完善。从广义上说：“整合营销传播是指企业或品牌通过发展与协调战略传播活动，使自己借助各种媒介或其他接触方式与员工、顾客、其他利益相关者以及普通公众建立建设性的关系，从而建立和加强与他们之间互利关系的过程。”而从狭义的理解来看，整合营销传播也有着多角度的解释。

> 整合营销传播是一个营销传播计划概念，要求充分认识用来制定综合计划时所使用的各种带来附加值的传播手段——如普通广告、直接反映广告、销售促进和公共关系——并将之结合，提供具有良好清晰度、连贯性的信息，使传播影响力最大化。
>
> ——美国广告公司协会

> 整合营销传播是一个业务战略过程，它是指制定、优化、执行并评价协调的、可测度的、有说服力的品牌传播计划，这些活动的受众包括消费者、顾客、潜在顾客、内部和外部受众及其他目标。
>
> ——唐·E·舒尔茨（Don E. Schultz）

> 整合营销传播学是制订并执行针对顾客或与未来顾客的各种说服性传播计划的过程。整合营销传播学的目标在于影响或直接影响受众的行为。整合营销传播学认为，一个顾客或一个未来顾客在产品或服务方面与品牌或公司接触的一切来源均是未来信息潜在的传播渠道。进而，整合营销传播利用与顾客或未来顾客相关的并有可能被接受的一切形式的传播。总之，整合营销传播学开始于顾客或未来顾客，然后反馈，以期明确规定说服性传播计划的形式与方法。
>
> ——美国南卡罗莱纳大学特伦奇·希姆普（Terence A. Shimp）教授

整合营销传播是指企业或品牌通过发展与协调战略传播活动，使自己借助各种媒介或其他接触方式与员工、顾客、投资者、普通公众等关系利益人建立建设性的关系，从而建立和加强他们之间的互利关系的过程。

——美国科罗拉多大学汤姆·邓肯（Tom Duncan）教授

在某种意义上，以上几种定义是从不同角度阐述了整合营销传播。美国广告公司协会强调整合营销传播是一个营销计划，要求按照计划综合使用传播媒介，从而使得营销传播效果最大化。整合营销传播理论的创始人唐·E·舒尔茨教授这样解释整合营销传播，他认为整合营销传播是一个囊括受众、消费者以及潜在消费者的业务战略过程，其具体内涵可以随着环境的变化而不断丰富。特伦奇·希姆普教授则主张整合营销传播是以影响和改变消费者行为为核心的传播，是“说服”消费者的一切形式的总和。汤姆·邓肯解释说整合营销传播最重要的是引入“关系利益人”，从而建立起关系营销。

事实上，不管从哪个角度定义整合营销传播，整合营销传播已经成为一个主导营销战略的成熟理念，倡导企业和广告公司在营销传播活动中坚持传播战略整体性、传播形象一致性与传播工具协同性的总体原则。

从当前整合营销传播的发展来看，整合营销传播呈现出以下几种发展趋势：

一是广告整合营销传播，即在广告战略中统一各种沟通元素。这些沟通元素既包括产品元素，即产品的包装、设计、LOGO、色彩等，也包括非产品元素，即广告、促销、公关活动等。这是一种较低层次的整合营销活动。

二是品牌整合营销传播，即统筹广告战略、销售战略以及相关公关活动，向消费者传达一个清晰而独特的品牌形象。在品牌整合营销传播中，硬广告仅占有一部分内容。这是最为普遍的一种整合营销活动。

三是关系整合营销传播，即以建立、拓展及维护目标消费者与企业品牌长期关系为目标的一系列营销活动。关系整合营销传播是品牌整合营销传播战略的升级与发展，不仅着眼于产品的售卖，产品的品牌与口碑，更重视“顾客关系管理”，讲究长期的合作关系。

三、全媒体整合广告的内涵与发展

美国整合营销传播理论的先驱舒尔茨教授说过：“营销即传播。”这说明传播对于营销极其重要。而在传播过程中，媒体是最核心的载体。随着全媒体时代的到来，媒介技术的巨大变革必然造成传播与营销方式的改变。这对于整合营销来说，也是一次全新的洗礼。于是，在全媒体技术与整合营销发展的双重因素驱动下，全媒体整合广告应运而生。

所谓全媒体整合广告，是指以全媒体技术整合消费者与潜在消费者关系的广告形式。这一广告形式，能够充分发挥全媒体技术覆盖范围广、投放精度高和互动性强的优势，去影响和说服消费者以及潜在目标群体，从而产生比普通广告更强烈、更深刻的营销效果。很显然，全媒体整合广告与传统的广告整合营销传播是完全不同的。传统的广告整合营销传播仅仅是将广告沟通元素统一设计与谋划，并不像全媒体整合广告一样，涉及品牌战略以及顾客关系整合与管理。

相对于传统广告形式，全媒体整合广告的发展体现在以下几个方面：

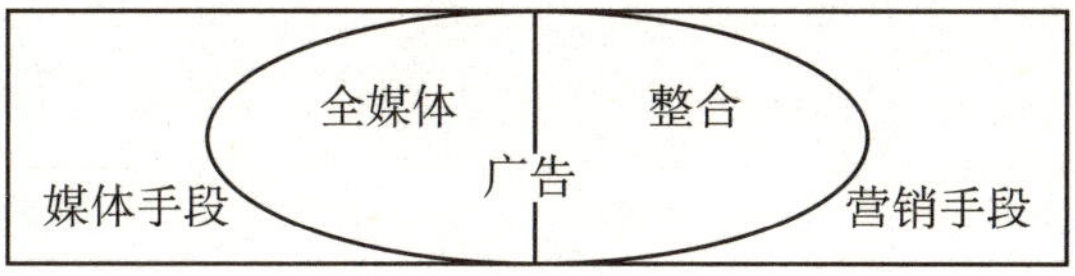

图 0—1 全媒体整合广告的内涵

一是营销理念发展。全媒体时代，也是信息大爆炸的时代。人们暴露在海量的信息之中，消费心理与消费行为潜移默化发生改变；消费者的大数据也涌进营销视野，传统营销分析方式受到冲击。面对这一不断变化的营销环境——知识越来越丰富的消费者以及越来越复杂的消费者信息，传统广告整合营销战术的效果大打折扣，品牌整合营销与关系整合营销必然更加受到市场欢迎。但是大数据与全媒体环境也必然意味着品牌整合营销传播与关系整合营销传播的难度加大。如何在信息爆炸的环境下将广告信息精准投放给目标群体，并说服目标群体，成为全媒体整合广告发展的挑战方向。

二是传播方式转变。在全媒体时代，报纸、杂志、电视、广播等传统媒介市场份额下降，而更加强调人际互动的新媒体技术逐渐普及。这意味着单向沟通传播必然向双向沟通传播转型，尤其是采用全媒体技术的互动营销会逐渐成为主要的营销传播手段。这种双向互动型信息沟通，将大力促进产品信息的传播以及顾客关系的建立。同时，微信、微博等手机自媒体技术也会促进信息在不同圈子之间呈几何倍数地传播，这也将促进广告传播从设计方式到传播方式的全面改变。

三是广告工具变化。媒介是营销传播的工具与平台，工具与平台的变化必然导致营销传播体系改变。全媒体时代广告媒体的形式更加丰富，既包括传统媒介，又包括互动性更强的网络媒介与手机媒介，甚至包括基于数字技术发展的自媒体形式。不仅媒介形式丰富，而且媒介融合趋势明显，表现出台网融合、终端融合、内容融合以及产业融合等现象。这些变化更加要求营销传播在工具使用方法上推陈出新，在不同广告媒体之间的配合方式上呈现多样化发展。在这一背景下，如何明确受众范围与特点，运用营销传播工具组合进行精准投放，成为营销传播工具设计与运用的重点与难点。

基于这些发展与变化，全媒体整合广告正在演绎着不一样的未来。

第二节 全媒体整合广告传播环境变迁

一、全媒体时代传播模式的改变

在新媒体技术大发展与媒介融合突飞猛进的全媒体时代，原有的信息传播模式被打破了。传统信息传播遵循着美国传播学家哈罗德·拉斯韦尔提出的“5W”传播模式，即“谁（Who）→说什么（Says What）→通过什么渠道（In Which Channel）→对谁（To Whom）→取得什么效果（With What Effects）”，表现为非常明确的信息线性流动特征。但是在全媒体时代，受众的互动性大大加强，这大大削弱了媒介作为信息生产源头与渠道的重要地位。在新的传播关系中，媒介提供了一个信息流通的平台，媒介依然是信息的生产者与传播者，不同的是，受众也可能利用媒介提供的信息平台参与信息的制造与传播。迈克尔·所罗门（Michael Solomon）将新的传播关系描述为图 0—2 所示。

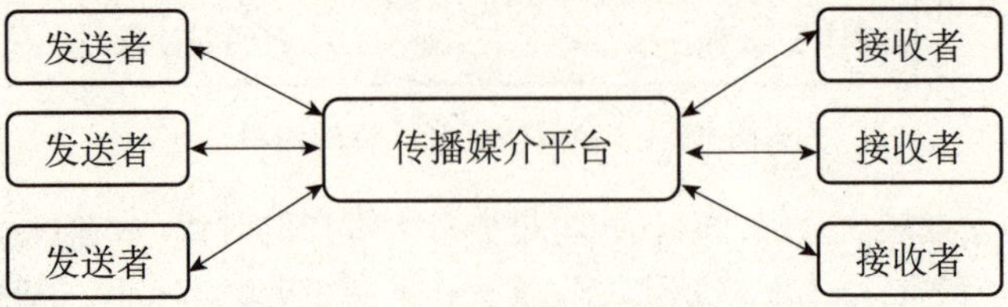

图 0—2　互动传播模式

在新的传播模式中，每个人都处于海量信息的媒介环境中，可以自由而即时地获取信息、发布信息与传播信息。因此，每个人的角色是可以随时发生改变的，信息流动的方向是多样化的、互动的。这大大增强了传播流向以及内容的不确定性，传统媒介“一言堂”的权威地位遭遇到前所未有的挑战。

二、全媒体时代受众形态的改变

在社会文化经济发展环境改变的过程中，受众的媒介接触习惯与信息使用习惯都会发生改变。全媒体时代受众媒介接触习惯与信息使用习惯更加小众化、个性化，诱发了受众碎片化趋势。

新媒体技术驱动的全媒体环境出现，极大地改变了受众媒体接触习惯，根据 2014 年 60 个城市的 CNRS 数据，互联网媒体接触率几乎为 100%，居首位；手机上网接触率为 91. 4%，位列第二；户外媒体与电视的接触率分别为 88. 7%和 77. 1%，列于第三和第四；广播、报纸和杂志分别以 16. 1%、42. 3%和 49. 2%列于倒数三位。这一组数据表明，以传统媒介为主要媒介接触来源的时代已经一去不复返。受众的注意力被互动性更强、选择面更广的新媒体抢占了。受众利用新媒体即时性、互动性和便利性特点，更加主动而方便地选择自己感兴趣的信息，在信息使用上更加个性化、多元化。其中，90 后倾向网络视频，80 后倾向网络购物，70 后新闻浏览行为突出。

从上面的数据可以看出，全媒体时代受众碎片化趋势明显。一方面，受众暴露在更加丰富的媒介信息与更加多样化的媒介终端之下，被细分成不同的群组，大众传播随着媒介多样化而更加小众化；另一方面，受众可以轻松利用媒体平台传播信息，加速了人际传播，颠覆了传统大众媒介“一对多”的传播秩序。这样的受众格局，不仅在信息接收过程中碎片化，而且在信息传播过程中更加多层、零碎。由此可见，受众碎片化的趋势在全媒体时代已然势不可当了。

与此同时，全媒体时代的受众也在利用虚拟空间与社交媒体的便利性，自发性地重聚。从网络、手机、数字电视等社交媒介平台上，我们很容易发现不同地域、不同兴趣、不同需求的受众自发性地靠近、凝聚与结盟。这种受众的重聚，是以生活区域相邻、生活爱好相同、生活层次相近为动力的，是符合人类追求归属感的心理特征的。全媒体环境为这种人类天生的群体心理提供了技术层面的可行性，从而使得不同类型、不同圈子的受众的重聚如雨后春笋般涌现出来。

三、全媒体整合广告传播环境的挑战

全媒体时代，传播模式与受众形态的变化为广告发展带来了巨大的机遇与挑战。如何把握机遇，借势而为，广告人肩上的担子并不轻松。

首先，传播模式的改变使得广告传播速度更快、范围更广，同时也使得广告主对信息传播途径的选择与控制更加复杂。在传统的传播模式下，舒尔茨进一步发展了传统线性营销传播模型。他认为，依照传统传播模式的线性路径，营销活动应该重视信息的发布与信息流动渠道，以及信息的反馈。在这一过程中，作为受众的消费者接受处理信息的反应也是线性的过程，即接触——注意——理解——接受——保留。在新的传播模式下，广告主发布信息，信息会在不同媒介、不同受众圈子之间呈几何倍数传播，受众群体大大扩大，成本也相对降低。

这是全媒体时代技术发展所带来的优势，但也因此，广告传播者几乎对信息的传播流向与传播内容失去了控制。例如，前不久凉茶企业加多宝在微博上发起“多谢行动”进行品牌营销，但是在与微博大 V“作业本”的互动中，加多宝恭喜“作业本”与“烧烤”齐名，立即引起了网友的愤怒，他们纷纷指责加多宝营销侮辱了烈士邱少云。因为“作业本”曾于 2013 年在微博上戏谑道：“由于邱少云趴在火堆里一动不动，最终食客们拒绝为半面熟买单，他们纷纷表示还是赖宁的烤肉较好。”在此之后，不仅加多宝营销事件在微博上炒得沸沸扬扬，还引起了媒体与社会的一致批评，指责这是“无道德底线”的营销活动，加多宝品牌形象大打折扣，广告效果适得其反。

其次，如何利用受众“碎片化”与“重聚”特征，提高广告投放精度与传播效果，成为全媒体时代整合广告发展的挑战之二。受众的碎片化无疑增加了广告投放的成本，使得广告如何确定投放范围的难度加大；同时受众的重聚又大大提高了营销传播的效率与精准度，利用受众重聚，营销者可以轻松找到营销对象。从某种意义上讲，受众形态格局改变，令广告的运作重心转移了。从前广告主会将大量的精力与财力投放在广告与公关活动之中，而在全媒体时代，广告主更关注的是如何从媒介大数据中精确定位目标消费者，并为他们设计精准的广告投放。正因为如此，面向大众的传统媒体广告营业额大幅下降，企业对移动互联网广告的青睐则成为理所当然。

从某种意义上说，全媒体技术为全媒体整合广告的应运而生提供了宝贵的机遇，但是同时也作为一把“双刃剑”，考验着广告人是否能够合理高效地利用全媒体技术在全新的传播环境中实现广告目标。

第三节 全媒体整合广告的特色与策略

一、全媒体整合广告的特色

全媒体的发展改变了受众形态与传播模式，从而促进广告的运作方式发生改变。当今的优秀广告，不再停留在对着消费者隔空喊话的单向传播上，而是发展到与消费者双向互动的模式之中，即采用全媒体工具组合，精确找出目标群体，利用立体化、多层次

的传播沟通技巧，建立、整合与维护品牌与顾客的良好关系。在这种新型广告之中，媒体技术被最大化地应用，整合营销思想被最大化地发挥，消费者自然也被最大化地卷入广告战略之中。

面对未来，全媒体整合广告最大的特色是与消费者的互动比传统广告做得更好。在全媒体时代，传统媒介模式“一对多”的线性传播已经被打破了，只要选择权威媒介大范围反复覆盖目标群体就能够达到广告效果的时代一去不复返。暴露在大量信息中的受众已经产生了较强的质疑精神，会对接收到的信息主动进行核对，反复质询以及群体讨论。面对这样的受众群体，合理互动、引导互动、放大互动成为广告营销过程中最重要的环节。诚然，全媒体为互动提供了可能，整合营销思想为互动提供了经验。但是，如何在广告的策划与运作之中，精妙地应用媒体技术与融合整合思想，巧妙地褪去硬广告的外衣，与消费者真诚地沟通，这仍然是一个在探索之中的问题。

除了互动性增强之外，媒体投放精确度提高是全媒体整合广告的另一特色，而这一特色也直接关系到广告成本与广告效果。直观来看，全媒体技术使得广告推广形式更加多样化。不仅在内容上，媒介内容设计可以融合不同媒介特征；而且在形式上，“跨屏”、“多屏”也成为当下最火的媒介策略。但是这么多种组合方式，这么不同的个性设计，无疑都会大大增加广告成本。因此，在求多、求全的过程中，如何加强投放精准度，是至关重要的问题。换句话说，“多屏”联动广告的目标不是最大的覆盖度，而是将碎片化的目标群体注意力锁定并反复沟通。这看上去是扩大了投放范围，事实上却是通过媒介组合对目标受众进行精准、深入的信息传播。在这个意义上，未来全媒体整合广告的发展，必然需要以进一步加强精准投放度为前提，这是大势所趋。

随着传统媒体广告收入的下降，有人预言广告业进入了衰退的秋天。但事实上是，在新媒体技术与新营销思想的驱动下，广告业正面临一轮新的革命。一种极富生命力的广告形式——全媒体整合广告在变革之际应运而生。它改变了传统广告喋喋不休的强势灌输模式，以更加智慧而亲切的形式走入消费者视野，将碎片化的注意力聚焦，将产品与品牌信息以及消费者需求良好地沟通管理。伴随着这些改变，广告进入了一个全新的时代——全媒体整合广告时代！

二、全媒体整合广告的运作策略

广告如战役，战略思想即克敌制胜的兵法。全媒体技术提供了良将，整合营销战略提供了经典战术，那么，关键就在于如何良将配战术，制定好全媒体整合广告战略。梳理一下近几年中国全媒体整合广告案例，可以将它们的广告战略思想归纳为谋势型、谋时型、谋新型与谋信型四大类。下面将详细阐述这四大类战略思想的涵义。

第一，谋势型。古人云，“善弈者谋势”。对于广告运作而言，借势而为，乘势而上，也是上上策。一般常见的做法是借助公众对热点事件的高关注度，将品牌与事件相联系，把品牌形象不知不觉地传递出去。然而，这一做法在当今社会已经屡见不鲜，其成败的关键在于如何选择事件并谋划品牌传播。就选择事件而言，至少有两方面要求：一是事件本身要有新闻点，是社会关注的热点或者重点，或者新奇、有趣，是前所未有的事情；二是事件要与品牌有连接点，事件营销不能脱离品牌的核心理念，要将两者的共同点找出来并连接起来，这样才会产生效果而不突兀。就如何谋划品牌传播而言，毫无疑问，全媒体技术可以大大增加谋势型广告策划的想象空间与传播效率，让品牌传递的效果更精准地击中消费者以及潜在顾客群体。

同时，从谋势的角度，这一类型广告策略可以分为“借势”全媒体整合与“造势”全媒体整合两种方式。所谓“借势”全媒体整合，即广告主主动绑定热点事件，利用全媒体环境与传播工具组合，借助热点事件超强的传播力量，把品牌形象与产品信息传递出去，从而起到事半功倍的效果。例如，阿迪达斯借助 2012 年伦敦奥运会进行品牌营销，便是一个经典案例。奥运会是一场举世瞩目的体育盛会，在全球都具有极大的影响力与极广的影响范围。阿迪达斯选择赞助 2012 年伦敦奥运会，充分展示其产品与品牌理念，从而达到了提升品牌形象的目标。阿迪达斯不仅赞助了所有场馆、店铺、体育项目所需设施，以及举办奥运会所需的超过 7 万名志愿者所需体育商品，还邀请本土著名设计师 Stella McCartney 设计了英国国家队比赛服，并在传统销售渠道如体育用品店、机场与旅游商店销售附有奥运会官方标志的所有服装。阿迪达斯借助奥运会进行全面覆盖的品牌营销，令阿迪达斯品牌形象深入世界各地消费者心中。

“造势”全媒体整合与“借势”全媒体整合不同的是，需要巧妙地设计与安排事件活动，通过话题制造、故事打造、新闻策划、公益活动等方式，吸引受众的注意，借力将品牌形象营销出去。一般来说，传统“造势”广告比“借势”广告面对的风险更大。如果“造势”规模或新颖度不够，达不到营销效果，则浪费财力、物力；如果“造势”过度，又容易引起公众的反感，适得其反。但是，全媒体技术为“造势”广告提供了拿捏分寸的可能，可以通过合理而巧妙的策划将“造势”的影响范围控制在目标群体上，并且可以通过互动随时监测消费者心理，随时灵活应对各种突发事件。

第二，谋时型。在广告策划中，借东风是非常重要的策略。一些节日消费、假日消费常常扮演着营销中的“东风”这一角色。在全媒体时代，及时抓住时机，巧妙营销，将企业品牌与时机资源相结合，常常会有意想不到的收获。比如，圣诞节是西方最重要的传统节日，圣诞节营销大战通常会提前一个月打响。如何提前预热，引发消费者的购买欲望，促进消费行为，是节日整合营销活动的重要内容。再比如，每年中国高考之际，不少商家便抓住时机借题发挥，面向考生及家长推销相关产品与服务。实际上，时机整合并不困难，难点在于如何提前发现时机，做好充分的营销计划，然后精确而大力度地向目标群体推出品牌或商品信息，合理引导消费者的购买行为。

第三，谋新型。由于技术的先进性，全媒体比传统媒体更大程度地吸引了受众的注意力。因此，比起外在的事件与时机，媒体内容与形式的创新本身也就成为全媒体整合广告的策略与手段。成功的媒体内容设计与形式安排，往往能够抓住目标受众的注意力，产生良好的广告效果。例如，周杰伦与方文山联手合作的奥迪 Q3 视频广告，通过媒体内容创意与形式创新吸引了公众注意，产生了良好的广告效果。所以，从这个意义上说，借助全媒体技术，广告创意与制作本身就是广告运作的卖点。

第四，谋信型。对于品牌传播而言，取得消费者的信任是至关重要的。如何谋取消费者信任呢？全媒体技术再次展示了其无可比拟的优势。利用全媒体技术，可以扩展发声平台。一般情况下，媒体承担着社会舆论监督与引导的功能，扮演着相对公正权威的形象，借助这些媒体发声，可以大大提高品牌的公信力。相对于保守刻板的传统媒体，全媒体技术通过多种形式让有限的发声平台大大拓宽，不仅官方权威媒体可以发声，而且可以发动一些名人资源和社会组织通过微博、微信等自媒体平台发声，甚至可以让公众互动形成来自民间的舆论。借助这些社会评价资源，提升品牌形象，增强品牌价值，无疑是事半功倍的事情。例如，一些网络炒作的排行榜，目前已经成为消费者购买行为强有力的参考信息。利用名人、明星的微博互动也是影响社会评价、赢取消费者注意与信任的常用方式。另外，采用新媒体如网络、手机等媒介与受众互动，促进受众在自己的亲朋好友圈子里进一步扩散信息，从而产生更广泛的影响力，也不失为良策。

从广告运作与策略的角度来看，以上四大类战略思想可以转化为实战中五大广告策略，分别是"借势而为"、"无风起浪"、"相时而动"、"别出心裁"与"取信于人"。需要指出的是，这些广告策略，是在融合了全媒体技术与整合营销思想基础上，对传统广告策略的跨越式发展与创新。"借势而为"的全媒体整合广告，不再是借助热点事件肤浅地炒作，"取信于人"的全媒体整合广告也不会是泛滥成灾的名人代言广告。这些广告策略都会随着全媒体技术提供的精准性、全面性与互动性而深入消费者心底，建立起产品或品牌与消费者良好的沟通关系。

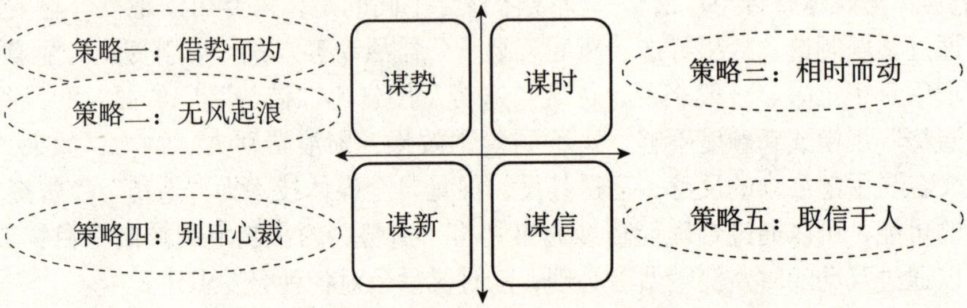

图 0—3 全媒体整合广告主要策略

本书余下内容安排是以各个广告策略为线索，编辑整理实战中的优秀广告案例予以具体分析。例如，在"借势而为"篇，本书主要介绍时下最流行的借助综艺节目与体育赛事的全媒体整合广告；"无风起浪"篇主要介绍广告商利用抓人眼球的活动策划与打动人心的公益宣传活动策划去推动品牌或产品的宣传与营销；"相时而动"篇介绍的是以节日为契机的优秀广告活动策划，以及成功的电商网络造节广告活动；而"别出心裁"篇和"取信于人"篇分别从广告内容形式创新与社会资源整合的角度，借助全媒体技术的演绎，呈现优秀广告的最新潮流。

第一章　全媒体整合广告策略一：借势而为

■ 搭乘综艺节目的顺风车

■ 向体育赛事借“东风”

■“借势而为”全媒体整合广告点评

兵法云，借势而为，乘势而上。对于广告而言，借势而为的核心是要借助事件的影响力把产品与品牌信息传递出去。在全媒体时代，新媒体技术与媒介融合的发展，无疑为广告“借势而为”创造了最佳的传播介质和环境。

第一节　搭乘综艺节目的顺风车

近年来，在经济发展与商业化模式运作下，中国综艺节目发展越来越好。据统计，2014 年上半年强势回归的《爸爸去哪儿》（第二季）问鼎综艺节目收视冠军的宝座，以 3. 75%的收视率和 16. 11%的市场份额遥遥领先，紧随其后的《非诚勿扰》和《我是歌手》收视率分别是 2. 39%和 2. 29%。在收视率前十的综艺节目中，湖南卫视占据 4 席，江苏卫视、浙江卫视和东方卫视各占 2 席。这也反映了省台办综艺的激烈竞争。

在综艺节目收视率节节攀升的同时，综艺节目的广告冠名费也逐步攀升。据网络公开数据，湖南卫视《爸爸去哪儿》（第二季）冠名费高达 3. 12 亿元，浙江卫视《中国好声音 3》冠名费为 2. 5 亿元，江苏卫视《非诚勿扰》冠名费为 2. 4 亿元。数据还显示，居于 2014 年冠名费排行榜前十的综艺节目最低冠名费不低于 1 亿元。当然，在全媒体整合广告时代，除了冠名费，“借势”综艺的营销形式也非常多样化，比如联合网络视频点播、移动社交媒介等多种媒介形式。下面介绍 2013—2014 年搭乘综艺节目顺风车的优秀全媒体整合广告案例。

案例一：京东《我是歌手》喜摇摇整合广告

广告主（品牌）名称：京东
案例策划、制作单位名称：180China
案例实施时间：2014 年 1 月—2014 年 4 月
中国第五届虎啸奖金奖作品

一、案例介绍

（一）实施背景

2014 年歌唱类综艺节目火爆荧屏，《我是歌手》迎来众品牌开年大战。作为《我是歌手》赞助商，京东应如何吸引消费者的眼球，如何在众多品牌中脱颖而出，如何在这个用户自主选择的时代与消费者进行沟通呢?

同时，电商移动端发力趋势越发明显，京东在 PC 端具备完善的营销体系，拥有强大的消费群体。但在移动手机端，京东迫切需要提升京东 APP 的下载量和使用率。

（二）广告目标

广告目标有二：一是通过两个阶段的推广传播，借助《我是歌手》的影响力，提升京东的知名度与美誉度；二是通过“喜摇摇”活动，推广京东移动端 APP。

（三）创意核心

基于消费者在观看节目过程中常常同步使用移动设备的这一行为，京东在《我是歌手》期间推出 APP“喜摇摇”活动，用户可以边看《我是歌手》，边上京东 APP，参加“喜摇摇”活动，实现电视和手机的双屏互动。这种情景体验式的营销方式，有效利用了用户碎片化的时间，形成了消费者与品牌的互动。

在创意传播层面，巧妙地从“喜摇摇”的“摇”这一动作切入，用戏剧性的方式表现用户玩“喜摇摇”，摇不停手、摇上瘾的状态，通过剃须、针灸等场景中的人物表现，将《我是歌手》与“摇”的动作紧密关联，在消费者心中形成了“看歌手就要喜摇摇”的印象。在社会化媒体平台，深化“摇”的概念，将其与《我是歌手》的内容相结合进行传播。

（四）传播策略

整合 TVC、线下、Social 等各媒体平台进行立体传播。

整个传播活动分为三个阶段：

第一阶段：喜摇摇——“摇不停手”，吸引并告知受众“喜摇摇”活动；

第二阶段：喜摇摇——“摇上瘾”，营造全民参与，全民摇上瘾氛围；

第三阶段：喜摇摇——“摇！为歌手加油!”，决赛阶段用“喜摇摇”为歌手加油，最后冲刺 APP 的下载使用率。

二、广告实施及表现

（一）第一阶段：喜摇摇——“摇不停手”

(1) TVC（电视广告）：在《我是歌手》综艺节目前后，播放三组不同身份、不同年龄的人物“摇不停手”的电视广告，配合广告语“看《我是歌手》，上京东 APP”，并提出“摇出门票，摇出大奖”诱惑观众，最后提出广告口号：“一起喜摇摇吧!”

图 1—1　“喜摇摇”电视广告创意

(2) 户外广告：在电视广告播出同时，利用户外广告这一横向传播媒体进一步扩大“看歌手，上京东，喜摇摇”的影响力。主要的户外广告形式是公交车车身广告。

(3) Social 传播：利用平面媒体，发布每期歌手海报，与 JD 结合。

(4) 在各大网站发布病毒视频，以热歌辣舞的视频画面吸引观众，以扩大“看歌手，上京东，喜摇摇”的广告覆盖面。

图 1—2 “喜摇摇”车身广告

图 1—3 “喜摇摇”平面广告

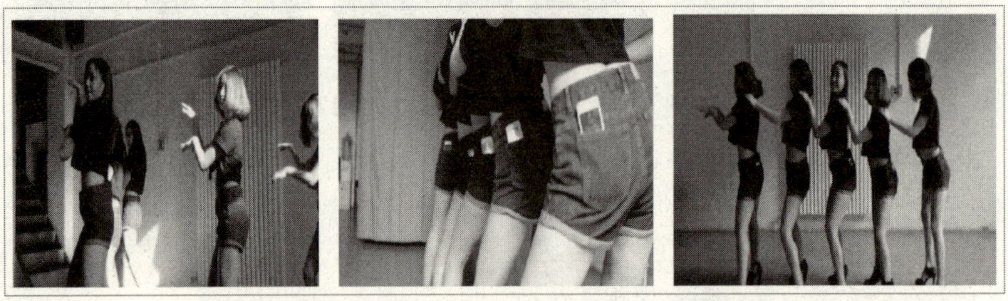

图 1—4 “喜摇摇”病毒视频广告——辣舞篇

（二）第二阶段：喜摇摇——“摇上瘾”

（1）TVC（电视广告）：通过剃须篇和针灸篇两则有趣的电视创意广告，进一步扩大“喜摇摇”参与范围。

图 1—5　“喜摇摇”电视广告——剃须篇

图 1—6　“喜摇摇”电视广告——针灸篇

（2）Social 传播：继续发布病毒视频——摇上瘾。

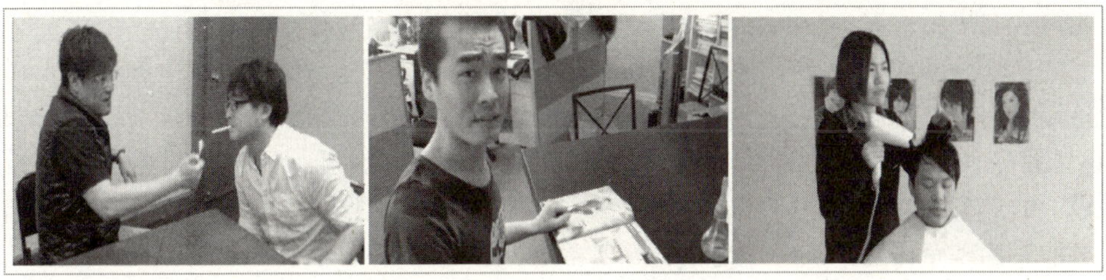

图 1—7　“喜摇摇”病毒视频——摇上瘾

（三）第三阶段：喜摇摇——“摇！为歌手加油！”

Social 传播：最后以病毒视频冲刺。

三、广告效果

巧妙借势，通过多屏互动、利益驱动和吐槽调侃，达到强化、丰富观看乐趣的效果，增强了粉丝的参与感和体验感，社会化平台传播累计覆盖 12 亿人次，提升了京东 APP 的打开量和下载量，同时增强了京东 APP 的用户黏性，引领电商移动端的发展新趋势。

图 1—8 “喜摇摇”病毒视频——冲刺篇

案例二：福特翼虎结缘《中国梦之声》

广告主（品牌）名称：福特翼虎
案例策划、制作单位名称：东方卫视
案例实施时间：2013 年月 5 月 19 日—2013 年 8 月 25 日
中国第五届虎啸奖银奖作品

一、案例介绍

（一）实施背景

在中国消费者眼中，福特是什么样的品牌？不可否认，美国车曾一度给人们留下“油老虎”、设计跟不上时代的印象，让不少人特别是年轻群体，对美国汽车品牌难生好感。随着福特欧洲战略的快速推行，以及“一个福特”核心理念的发扬光大，福特不只在北美全面更新形象，也在全球范围内展现出开放的战略和变革的活力。

近年来，SUV 销量增长呈火爆态势，在中级 SUV 当中，2013 年上市的翼虎，可谓最具号召力的产品。翼虎的“超前定价”，挑战高档 SUV 的强大产品力，以及与途观、CR-V 的竞争关系，都足具话题性。对于长安福特来说，翼虎是一款与对手相比“没有短板”的车型，在产品性能配置对比之外，如何集聚翼虎的品牌能量，将翼虎“开启无尽可能”的理念传播给每一个受众，是其品牌营销的重点。

对于长安福特来说，翼虎品牌代表着福特多年来在 SUV 领域的功力和造诣，而全新翼虎诞生于福特的最新平台。先进的涡轮增压动力总成，同级最佳的节油表现，多种领先功能的应用，以及从细微处着手的人性化配置，让翼虎在 SUV 市场占据了主导优势。在智能化和亲和力上的上佳表现，也注定翼虎可以毫无“违和感”地跨界，将品牌创意与娱乐、音乐完美契合起来。

汽车品牌的跨界营销，在业内并不新鲜。例如，东风日产冠名《我爱记歌词》、通用雪佛兰联合《中国好声音》、广汽菲亚特助阵《中国最强音》等。抛去收视率和广告因素，能将品牌内涵通过节目有效传播的品牌并不多。这也造成了一个尴尬的现象——节目火了，产品没火。如果单纯为了传播效果，不分场合地宣传品牌，肆无忌惮地植入广告，反而会引起观众的厌恶。如何在有效传播的同时，把握住一个度，将翼虎的品牌内涵善意地传播出去，这是长安福特所面临的重要挑战。

（二）广告目标

通过对《中国梦之声》的赞助，提高消费者对长安福特翼虎品牌的认知度与满意度。此次长安福特翼虎与东方卫视《中国梦之声》的强强联手，是基于双方强大的实力。《中国梦之声》是一个追逐梦想的舞台，这也正与全新长安福特翼虎所倡导的敢于冒险，为生活、为事业、为理想开启无尽可能的品牌主张紧密契合。长安福特翼虎品牌所崇尚的是一种带领人们去勇敢追寻自由和梦想的开拓精神，这正与《中国梦之声》鼓励中国年轻人努力追寻、实现歌唱梦想的理念如出一辙。

（三）创意核心

《中国梦之声》（*Chinese Idol*）是由上海东方卫视联合《美国偶像》（*American Idol*）制作团队共同打造的一档大型歌唱类比赛节目。《中国梦之声》的原型即在美国拥有 12 年辉煌收视历史且被誉为“美国真人秀之王”的王牌节目《美国偶像》。12 年来，《美国偶像》不仅影响了数亿美国人，而且陆续将其不可撼动的影响力扩展到全球，成为风靡全球的歌唱比赛节目。

值得一提的是，从 2002 年的第一届开始，福特汽车就是《美国偶像》的主赞助商，福克斯、嘉年华等年轻化产品随着《美国偶像》的热播实现了品牌的无缝传播。长安福特翼虎与《中国梦之声》的联手，是将福特全球营销经验和中国本土化营销完美嫁接的产物，可谓更接地气。翼虎所倡导的敢于冒险，为生活、为事业、为理想开启无尽可能的品牌主张，其实就是《中国梦之声》节目所倡导的价值：坚信自己，向理想进发，大声地说一句“我能行”，在这个舞台上，只有信念和理想，以及可以“无限大”的进取精神。

因此，本次广告活动最大的创意是，以娱乐节目为话题性内容，以具有围观和分享属性的社交网络为传播平台，将“翼虎就是 SUV 界的 Idol”品牌定位植入消费者心间。

（四）传播策略

主要的传播策略如下：

一是长安福特翼虎独家冠名播出超大型歌唱真人秀节目——《中国梦之声》。通过这一节目在东方卫视的火热播出，提高观众对品牌的认知。

二是将长安福特翼虎作为此次节目官方指定用车，全新长安福特翼虎也在栏目首播中登场，以 SUV 明星车型之势引起关注。

三是将汽车与音乐的跨界营销提升到更高的层次，推陈出新，不断谋划品牌内涵的传播新途径。具体来说，早在海选阶段，长安福特的经销商渠道就开通了 4S 店直通车报名点，在海选报名的同时让选手们与经销网点直接接触。这种品牌变相传播的方式可以将娱乐渠道和汽车传统的销售渠道有机整合。

二、广告实施及表现

广告实施包括以下内容：“福特翼虎”于 2013 年 5 月 19 日—2013 年 8 月 25 日，联合东方卫视共同推出大型季播节目《中国梦之声》，节目于每周日晚上 21 点 15 分播出。

东方卫视为了配合节目首播，加大平台宣传力度，全媒体宣传资源均搭配密集上线，包括：在新浪微博风云排行榜、电视热词《中国梦之声》排名第一；百度搜索风云榜《中国梦之声》排名第一，全网播放量达到了5.26亿；网络播放量暑假三大选秀节目处于同一水平线上，平均人均有效播放时长为37分钟，远高于《快乐男声》，和《中国好声音》水平相当。

图1—9　福特翼虎节目冠名

（一）节目冠名

“福特翼虎”在节目中基础冠名权益包括：联合LOGO、片头、地贴、角标、片尾LOGO等。此外，还在现场植入福特灯箱、评委席福特LOGO等。

（二）极具特色的主题秀

经过一番残酷的比拼，《中国梦之声》全国20强最终诞生。由国际顶级造型师重新打造的学员们驾驶着长安福特翼虎来到盛大的媒体见面会。翼虎车队的浩大气势，脚踢自动开启后备箱等设计均巧妙结合剧情，使翼虎在大气中张显科技。

图1—10　福特翼虎媒体见面会

20强选手陶醉狂欢之中，却浑然不知一场惨烈的逆袭战即将开始。本期主题秀中，将SNYC系统作为选手们听歌娱乐的工具，他们在车里大声唱，在天窗外狂欢，尽显翼虎的科技性、安全性。

图1—11　福特翼虎主题秀活动

图1—12　福特翼虎宣传片

（三）定制宣传片

节目组深入长安福特一线工厂，从基层人物的视角诠释属于长安福特人的《中国梦之声》。这也是迄今为止，汽车企业第一次联合大型真人秀节目，结合企业文化精神，共同拍摄视角独特的节目宣传片。

三、广告效果

《中国梦之声》开播以来，全国影响力及域外收视率稳步提升，域外一二线中心城市收视率提升显著，50%域外城市总决选收视率较第一期节目均有明显提升，广州、深圳、天津、杭州、大连、长沙、西宁、南宁、济南、海口、石家庄、兰州、昆明、太原、福州、长春等一二线中心城市收视率提升超过100%，最高增幅城市超过1 000%。总决选收视率破2.6，较开播第一期收视率增长115%。节目播出期间，各平台微博、微信、论坛信息覆盖人群600余万；新浪微博粉丝增长8万，环比增长300%，微博阅读量100万人次，互动14万人次。

案例三：贝因美《妈妈在这儿》

广告主（品牌）名称：贝因美
案例策划、制作单位名称：爱奇艺
案例实施时间：2013年11月22日—2013年12月27日
中国第五届虎啸奖银奖作品

一、案例介绍

（一）实施背景

大型亲子类综艺节目《爸爸去哪儿》自从在湖南卫视、爱奇艺首播后，连破网台收视纪录。收视数据显示，《爸爸去哪儿》在索福瑞城市网收视率最高达到5.67，市场份额达到22.99，收视率和市场份额同时段排名全国第一，远高于其他综艺节目。《爸爸去哪儿》在爱奇艺、PPS双平台播放量持续领先全网，12期节目在爱奇艺和PPS节目总播放量超过5亿。

（二）广告目标

由“零差评+高收视”的《爸爸去哪儿》衍生的亲子访谈节目，通过明星妈妈畅谈自己的育儿心得，并对原节目中五位爸爸的表现评价打分、分享节目中最动人的桥段，一定会有令人满意的收视率和关注度。

虽然不少品牌通过赞助卫视节目，成功走入大众视野，节目本身庞大的品牌营销能量为广大广告主所认可；但是，随着越来越多的品牌加入这种营销模式，而每一档节目所能带来的实际营销效果又常常难以预料和把握，所以如何帮助贝因美《妈妈在这儿》从网络媒体的众多综艺节目中脱颖而出，放大品牌舆论音量，成为此次营销的最大挑战。

（三）创意核心

(1) 借助“爸爸热”带动了一股国内亲子节目制作狂潮，以最快动作、最准切入点推出《妈妈在这儿》。在《爸爸去哪儿》播出第四期后，爱奇艺和贝因美已经有了要做网络衍生节目开发的计划，并在20天内完成了节目形式、主持人、嘉宾确定、节目制作以及广告招商等一系列工作。与叶一茜、胡可、郝蕾、苏岩、马艳丽、袁咏仪等多位明星妈妈一起探讨育儿心得。

(2) 以主持人的发挥和探讨话题的巧妙设置，快速获得广告主与用户的倾心。叶一茜作为Cindy妈妈本身就和《爸爸去哪儿》有着天然的联系，同时谈论的话题也是当前正热的亲子教育，这样既能搭上《爸爸去哪儿》的顺风车，又能在星妈的女性解读和星爸的男性做派中碰撞出新的趣味话题。

(3) 以艺人话题访问的形式，采访娱乐圈著名艺人妈妈。明星妈妈除了畅谈自己的育儿心得外，还对原节目中五位爸爸的表现评价打分、分享节目中最动人的桥段。

(四) 传播策略

本次广告活动主要通过网络传播，利用网络平台覆盖目标群体，同时利用网络节目制作赢取消费者好感与信任。具体来说：

(1) 贝因美借助视频网站爱奇艺，全方位触达卫视播出平台所无法覆盖的目标受众，通过网络曝光扩散节目影响力。

(2) 放大贝因美品牌与《爸爸去哪儿》之间的关系，通过节目深化贝因美中高端婴儿奶粉的产品定位及"因爱而美"的品牌形象，为品牌扩音，最终借助品牌曝光率的提升促进其营收的增长。

二、广告实施及表现

(1) 叶一茜篇，点击量 1 753 114 次。

图 1—13 《妈妈在这儿》叶一茜篇

(2) 苏岩篇，点击量 916 442 次。

图 1—14 《妈妈在这儿》苏岩篇

（3）郝蕾篇，点击量 999 331 次。

图 1—15 《妈妈在这儿》郝蕾篇

（4）马艳丽篇，点击量 680 365 次。

图 1—16 《妈妈在这儿》马艳丽篇

（5）胡可篇，点击量 999 331 次。

图 1—17 《妈妈在这儿》胡可篇

（6）袁咏仪篇，点击量 826 243 次。

图 1—18 《妈妈在这儿》袁咏仪篇

三、广告效果

随着节目策划和制作经验的不断丰富成熟，视频网站在综艺节目制播中的角色已经不再是渠道方，而是积极的附加值生产者。贝因美儿童奶粉是国人最为熟悉的儿童奶粉品牌之一，本次特别赞助《妈妈在这儿》节目，通过试水娱乐营销的方式，将贝因美一直推崇的亲子情感进一步放大，让更多的目标用户成为《妈妈在这儿》的观众。与此同时，视频网站爱奇艺打造的系统专业的综艺衍生产业链，将成为其 2014 年综艺节目营销的战略重点。

截至 2014 年 1 月 1 日，《妈妈在这儿》在爱奇艺和 PPS 双平台播放量已经超过 1 200 万次，创造了《爸爸去哪儿》衍生节目最高播放纪录。

第二节 向体育赛事借“东风”

体育是全世界人民共同的语言，其影响力是超越国界的。不论是建立在公平公正原则上的竞技体育，还是丰富人们业余生活、增强人们体质的大众体育，都是人们喜闻乐见的，容易引起大众兴趣、共鸣与热爱的项目。借助体育进行广告营销，使品牌与体育精神相结合，利用全民对体育赛事的聚焦将品牌形象迅速传递出去，是广告案例中常见的手段。向体育赛事借“东风”具有以下优势：

一是覆盖面广，传播速度快。体育赛事的瞩目度是超乎想象的，例如一场重大的足球比赛，其影响范围除了现场成千上万的观众，还有跨越地区边界甚至国界的观众。因此，重大体育赛事营销的覆盖面是极广的。

二是容易被接受。整合体育事件的营销，并不会出现硬广告形式，而是通过冠名等软广告形式植入体育场馆、体育用品等，这一方式更容易被人们所接受。

三是公信度高。因为体育是一项公平公正的运动，具有较高的公信力。将品牌与体育相结合，无疑会让消费者更加信赖与喜爱赞助品牌。

随着全媒体技术的发展，借助体育赛事的广告活动的优势会更加突出，不光是覆盖面和传播速度会比从前增加数倍，而且通过广告形式的多元化、沟通的立体化，广告效果也会大大提高，从而让品牌随着体育传播更加深入人心。

案例一：海飞丝男士系列借助体育赛事传播

广告主（品牌）名称：海飞丝男士系列
案例策划、制作单位名称：虎扑体育网
案例实施时间：2013 年 6 月—2014 年 1 月
中国第五届虎啸奖铜奖作品

一、案例介绍

（一）实施背景

2013 年，海飞丝男士洗发水与 NBA 官方签约，成为 NBA 赛事合作伙伴，希望通过篮球这一突破口，覆盖海飞丝男士系列洗发水的目标人群，并希望围绕体育运动热点事件将品牌扩散到诸如足球类运动传播当中。

（二）广告目标

选定传播目标人群：年轻一族，男性为主（主推男士系列），爱运动，个性新潮，对品牌的选择有一定的看法。通过系列营销活动，将这些目标消费者转化为海飞丝男士洗发水的忠实顾客。具体来说：

一是全方位立体化传播，达到结合品牌阶段性及大品牌传播理念的海飞丝男士系列在虎扑网用户中大范围的品牌曝光，在球迷人群中扩大品牌影响力，提高品牌魅力；

二是借助宝洁携手虎扑体育营销资源，直达目标人群，传达海飞丝“去屑实力派”的品牌形象，将海飞丝品牌理念推向体育人群，赢得更多网友关注，有的放矢地针对体育人群搭建沟通平台，提升品牌口碑和忠诚度，确立海飞丝品牌“去屑实力派”的霸主地位，与目标受众建立的良好沟通渠道。

（三）创意核心

海飞丝男士系列阶段性传播 Slogan“100% 自信　上 · 无畏”，即海飞丝男士产品帮助去屑，助力男士拥有足够自信去探索未知的挑战，不要犹豫，马上行动，结果如何，做了才知道。包括生活、工作的方方面面，都要像体育精神一样，无论是挑战技艺超群的“巨人”、伤病的自己，还是过往的“里程碑”，都应该坚持“100% 自信　上 · 无畏”的精神。

将海飞丝男士系列阶段性传播 Slogan“100% 自信　上 · 无畏”与整体品牌“去屑实力派”理念结合在一起，提炼出运动场上与其相关联的精神，结合体育热点赛事（篮球 + 足球），通过球星对该精神的承载与球迷的情感共鸣做系列互动传播。

（四）传播策略

1. 热点营销

配合篮球赛事 NBA 中国赛、圣诞大战；足球赛事欧冠决赛、亚冠决赛等内容及品牌在虎扑社区及 SNS（Social Networking Services，社会性网络服务）、手机 APP 中的报道植入，大范围曝光品牌，通过曝光传达品牌特性及品牌 Slogan 诠释的精神层面共鸣。

2. 高效互动

直达用户核心兴趣点，通过简单、用户喜闻乐见的方式设计互动，用户参与互动积极性高，传播整体达到百万级别的互动数。

3. 内容传播

结合几大热点比赛时间点制作创意病毒内容，结合虎扑网 UGC 优质内容产出，结合品牌 Slogan 及提炼的精神理念，配合互动社区高流量时间及虎扑官方 SNS、虎扑看球等优质体育 APP、KOL（Key Opinion Leader，关键意见领袖）进行扩大传播。

二、广告实施及表现

（一）NBA 中国赛热点时间传播互动

NBA 中国赛热点内容结合球星表现，PC + 手机端软性植入“100% 自信　上 · 无畏”，植入方式新颖不生硬，如漫画内容植入，这一方式网友接受程度高，品牌宣传效果佳，认可度高，植入效果较好。

1. 比赛报道及内容软性植入

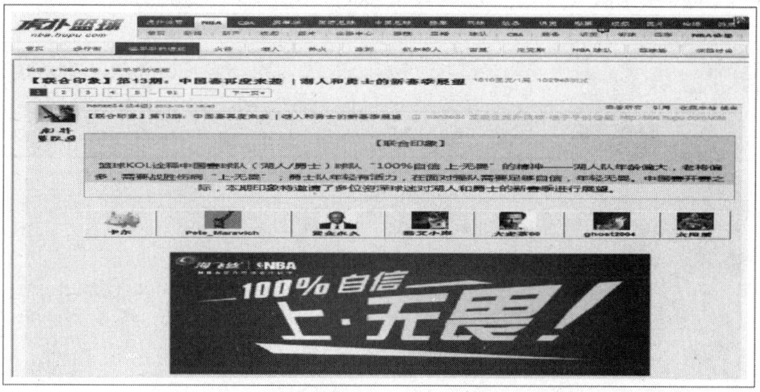

图 1—19　海飞丝男士洗发水品牌植入广告

结合 NBA 中国赛热点，虎扑网邀请社区热门 KOL 对比赛进行圆桌讨论，将队员的表现与海飞丝“100% 自信　上 · 无畏”结合，专业分析观点的同时对品牌进行有效传播。

结合 NBA 中国赛比赛的热点事件，通过漫画形式，以趣味方式呈现事件并融入编辑的独特观点，巧妙植入海飞丝男士系列品牌理念，通过虎扑官方 SNS 及 KOL 推荐事件有效传播。

图 1—20　海飞丝男士洗发水漫画植入广告

2. 互动活动

结合门票争夺、品牌测试、球迷故事以及游戏互动等形式，让“100%自信　上·无畏”在网友中引起共鸣，通过结合网友身边的体育故事，让其他网友感同身受，KOL配合传播测试等达到良好的互动效果。

(1) 争当海飞丝今日“无畏”之星，夺取NBA中国赛门票社区活动。

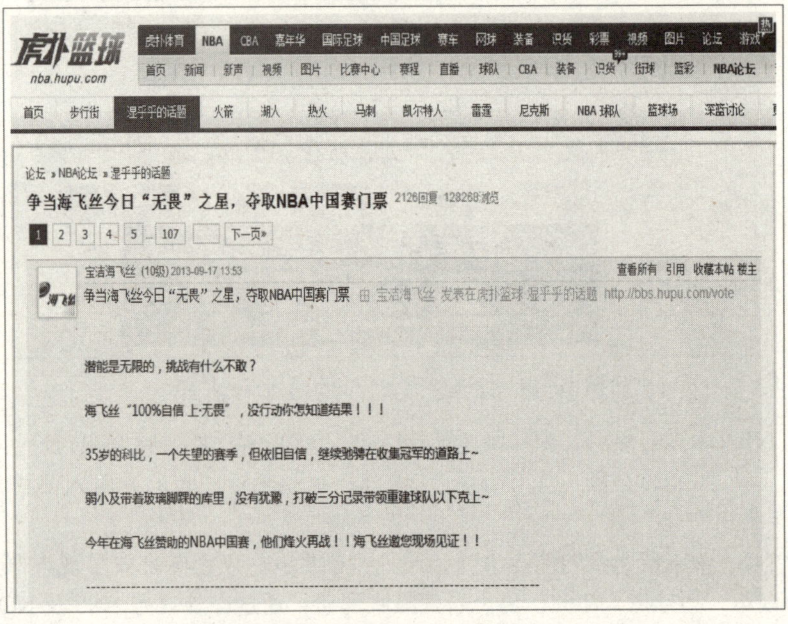

图 1—21　海飞丝今日“无畏”之星

（2）简单易参与的品牌测试，结合品牌 Slogan 设计测试内容；你不上，怎知道？快来挑战海飞丝“100%自信　上·无畏”测试。

图 1—22　海飞丝品牌测试活动

（3）海飞丝“100%自信　上·无畏”球迷故事征集活动。

图 1—23　海飞丝球迷故事征集活动

（4）NBA 中国赛手机直播品牌海飞丝互动游戏传播。

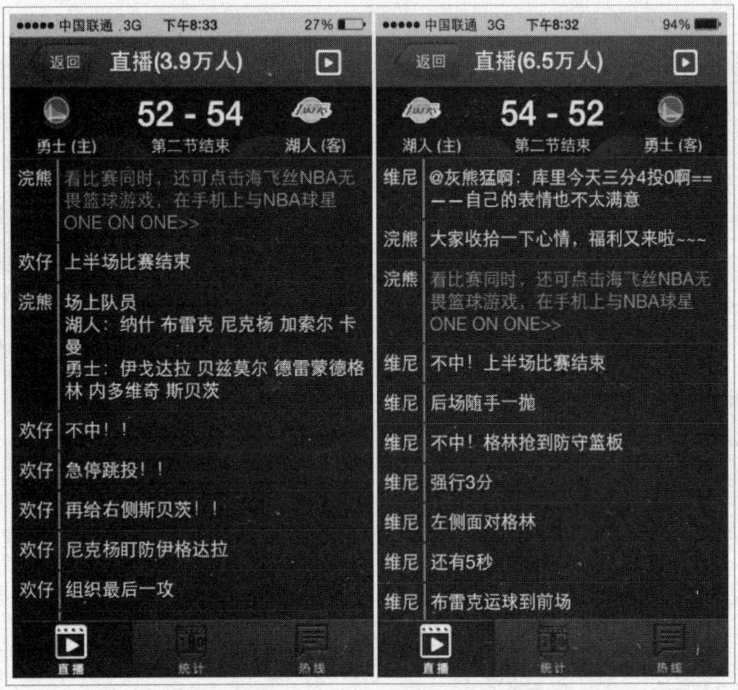

图 1—24 海飞丝手机直播与游戏互动

（二）NBA 圣诞大战热点时间传播互动

（1）以圣诞大战相关采访为主要内容，以海飞丝“去屑实力派”的基调进行视频制作及传播。

图 1—25 海飞丝圣诞大战采访活动

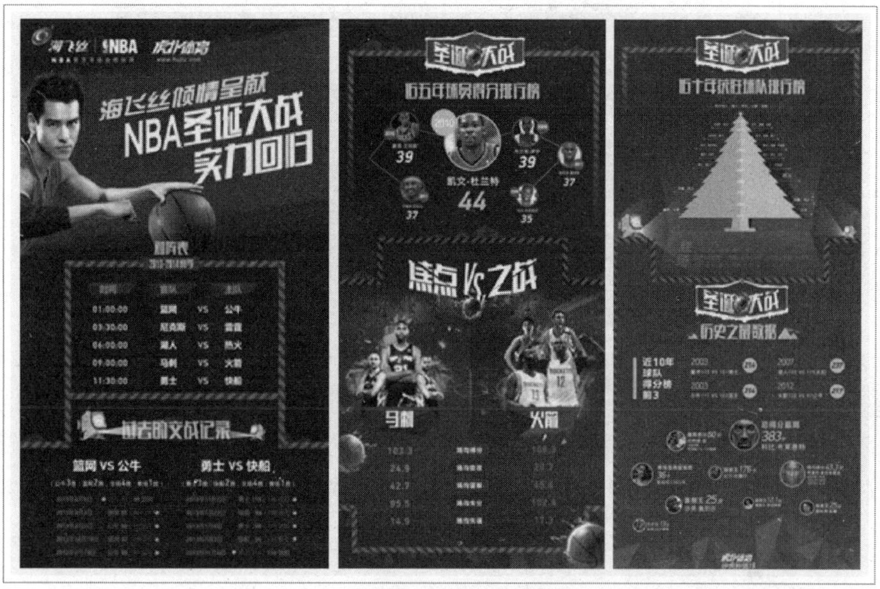

图 1—26　海飞丝圣诞趣味报道内容植入

(2) 圣诞大战品牌互动。针对圣诞大战热点，虎扑网结合品牌需求，通过独特的互动角度，如向球星索取礼物，收到了很好的互动效果，加深品牌印象的同时提升了品牌好感度。

（三）欧冠热点赛事专题互动

欧冠决赛赛前与赛中的专题活动参与页面，赛前互动形式为球迷通过留言、点击能量槽、上传图片、分享等方式为球队助威，根据规则给予参与者奖励，双方各有一个助威数值，每日胜者球队可以得到首页换肤、论坛分区换肤等奖励；赛中互动形式为比赛直拨热线，提供文字直播、转播信息、即时互动聊球等服务。

活动主要以欧冠决赛专题为主要载体，通过海飞丝品牌及品牌理念植入及互动奖品等多重植入，让用户在多重互动中层层加深品牌印象，并结合欧冠实力强队将海飞丝“去屑实力派”理念深入人心，并通过分享传播到更广泛的人群中去。

图 1—27　海飞丝欧冠热点赛事专题互动

（四）恒大亚冠决赛热点赛事创意内容传播

对于恒大亚冠决赛这一热点赛事快速反应，最为火爆的互动植入，对亚冠内容进行品牌植入，通过有趣且极富传播价值的互动，达到了较好的效果。

全球征集恒大粉丝助威视频，为亚冠助威，向冠军迈进！

图 1—28　海飞丝亚冠决赛内容植入广告

图 1—29　海飞丝征集粉丝助威视频

三、广告效果

本次全媒体整合广告传播历时一个月，传播总曝光达到了近 1 亿人次，在体育人群中高度大面积曝光；其中共产生 350 万次的点击量及近 1 210 462 次的网友互动，SNS 转发及评论总数量达到 91 828 次，很好地将海飞丝品牌理念推向体育人群，赢得了更多网友关注，确立了海飞丝品牌“去屑实力派”的霸主地位。

其中欧冠决赛专题上线 3 天，参与互动网友 10 万人次，上传图片 30 万张，双方活动积分 57 782 984 分（拜仁：41 818 370 分，多特蒙德：15 964 614 分）。

案例二：舒肤佳活力运动系列借势 NBA 季后赛传播

广告主（品牌）名称：舒肤佳活力运动系列
案例策划、制作单位名称：虎扑体育网
案例实施时间：2013 年 6 月
中国第五届虎啸奖铜奖作品

一、案例介绍

（一）实施背景

舒肤佳活力运动系列作为品牌新的系列产品，目标人群（年轻运动者）对其熟知程度不高，其中大部分只知道舒肤佳香皂与舒肤佳沐浴露；舒肤佳品牌在他们脑海中比较适合妈妈或者女性用，他们很难将舒肤佳与运动产品挂钩。

2013 年 6 月，宝洁旗下的沐浴露品牌舒肤佳活力运动系列，结合系列产品 Slogan “尽情流汗，不留汗味”，开展了系列线下校园篮球赛，线上拍了一支《我的队友是奇葩》视频，视频中展现了球场上会遇到的奇葩对手，发起分享“我的队友是奇葩”主题活动。而此时间段，篮球人群每年最为关注的事件——NBA 季后赛火爆进行，正值篮球人群的互动黄金期。

品牌期望结合虎扑网平台 NBA 季后赛的黄金资源，演绎一场体育与日化品牌的互动营销传播，号召更多年轻人关注舒肤佳品牌中的舒肤佳活力运动系列产品，让“尽情流汗，不留汗味”品牌理念更深入人心。

（二）广告目标

全方位立体化传播，达到舒肤佳活力运动系列在虎扑用户中大范围的品牌曝光，在球迷人群中扩大品牌影响力，提高品牌魅力；让奇葩队友、奇葩球员的共鸣与舒肤佳活力运动系列品牌联动，给网友印上舒肤佳活力运动系列的运动烙印，一流汗就想使用舒肤佳活力运动系列。

（三）创意核心

结合《十大街头篮球奇葩》病毒视频，突出臭汗男形象，通过臭汗男引发网友的共鸣，虎扑网篮球论坛全站通过全方位引导互动，引出舒肤佳活力运动系列产品及其“尽情流汗，不留汗味”的 Slogan，并引导球迷热议及自主传播。

在 NBA 季后赛关注度至高的时间点，通过球星漫画形象关联，将舒肤佳活力运动系列产品深入 NBA 季后赛内容当中去，并利用趣味方式体现产品特点，结合手机 APP、SNS 等进行互动达到大量传播，提升目标人群及用户的品牌好感度以及对品牌较深层次的认知。

（四）传播策略

一是借助赛事火爆关注大面积曝光，广告也能会心一笑，品牌理念传达一针见血：配合 NBA 半决赛及决赛的火爆关注，利用舒肤佳活力运动系列目标人群赛事关注度最高的重点时间点在虎扑网站大面积、大范围曝光，融入球星有趣漫画制作舒肤佳活力运动系列相关硬广图片、硬广 FLASH，让用户在关注球星的同时关注舒肤佳，通过看广告也会会心一笑的受众喜闻乐见的形式传达品牌理念。

二是多种软性植入方式，用户关注赛事的同时了解品牌信息且不反感：结合 NBA 比赛热点，通过漫画、新声专题、比赛互动投票等方式，软性植入舒肤佳活力运动系列的品牌信息及理念，并在软性植入中使用用户不反感的有趣形式，收到了很好的传播效果。

三是“奇葩”球员、“强汗”之星产生共鸣，大量用户 UGC 自主讨论，形成热议风潮：通过“奇葩”球员的传播让目标人群产生强烈共鸣及 NBA 季后赛热点“强汗”之星的评选及专题报道，用户产生大量 UGC 自主讨论内容，在虎扑网上形成热议风潮，让品牌 Slogan“尽情流汗”自主传播并深入人心，刻入了“流汗后用舒肤佳活力运动系列去汗味增活力，不做臭汗男”的理念。

四是首次趣味定制表情、勋章、点亮按钮植入等实现自主传播，营造全站疯传效果：虎扑网首次趣味表情定制，融入了舒肤佳活力运动系列的品牌理念，结合 NBA 季后赛热点及篮球元素，实现了用户自主使用表情在论坛中传播，达到了篮球论坛全站的互动传播效果；勋章及点亮功能也实现了论坛回复、点亮言论时舒肤佳活力运动系列的良好传播效果。

五是实现虎扑网优势手机端与 PC 端联动、手机端创新植入打造极佳的互动效果。项目执行期间，舒肤佳活力运动系列相关论坛互动、新声专题等时间手机与 PC 端联动，并采用多种业内创新的手机互动植入方式，在手机流量高峰时期主推，收到了极佳的手机端互动效果。

二、广告实施及表现

（一）漫画广告

常规广告制作全程融入 NBA 决赛球队当家球星漫画，球星漫画使用舒肤佳产品的 FLASH 一针见血地传达舒肤佳产品特性，让网友不反感，以期收到不错的效果。

图 1—30　舒肤佳漫画广告

广告中植入了为 NBA 对阵双方“佳”油互动，并在互动中植入了舒肤佳产品特性及产品理念，取得了非常好的效果。

（二）PC 端品牌互动

结合 NBA 季后赛赛事热点，在篮球迷中引发“奇葩队友”热议，突出了“臭汗男”这一奇葩球员，推出“我的队友是奇葩”虎扑论坛故事征集及“那些年一起挥汗过的奇葩兄弟”SNS 互动活动；在虎扑网及 SNS 形成了一次热议潮，网友参与主动性较高，并实现了自主传播。

图 1—31　舒肤佳植入广告

图 1—32　舒肤佳 PC 端品牌互动活动

充分调动全站资源，点亮功能让舒肤佳活力运动系列 LOGO 遍布整个论坛；结合 NBA 季后赛热点事件及热点人物制作的表情，更是实现了在网友之间品牌的自主传播。

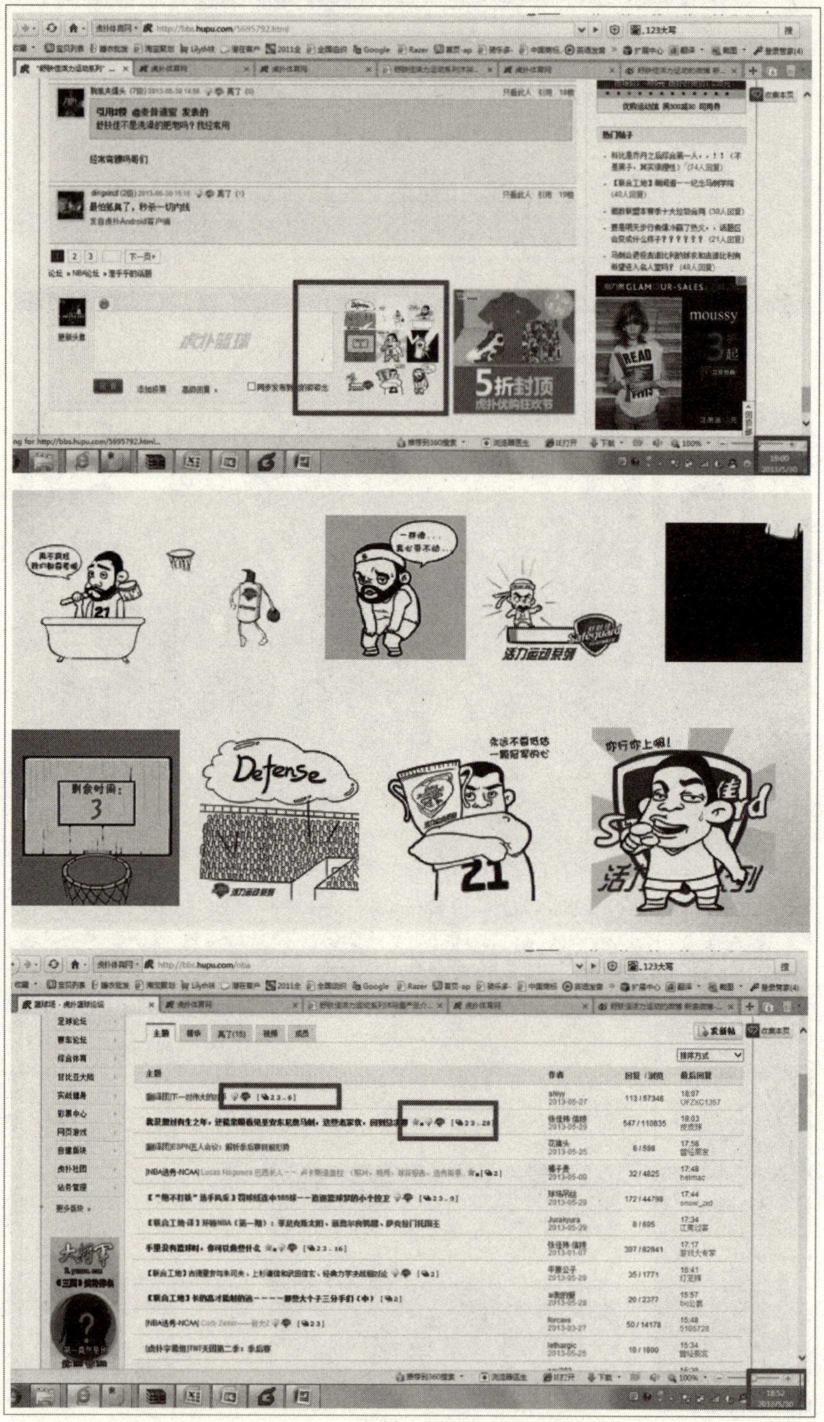

图 1—33　舒肤佳论坛互动活动

（三）NBA 内容深度植入

结合 NBA 热点比赛发生的热点事件，通过漫画形式，以趣味方式呈现事件并融入编辑的独特观点，巧妙植入舒肤佳产品功效，通过虎扑官方 SNS 及 KOL 推荐事件有效传播。

图 1—34　舒肤佳对热点赛事漫画植入广告

NBA 比赛热点报道舒肤佳活力运动系列深入软性植入："夺冠之路"——强汗之星新声专题（NBA 季后赛报道 10 期）；"强汗之星"论坛投票活动（NBA 球星季后赛表现投票）。

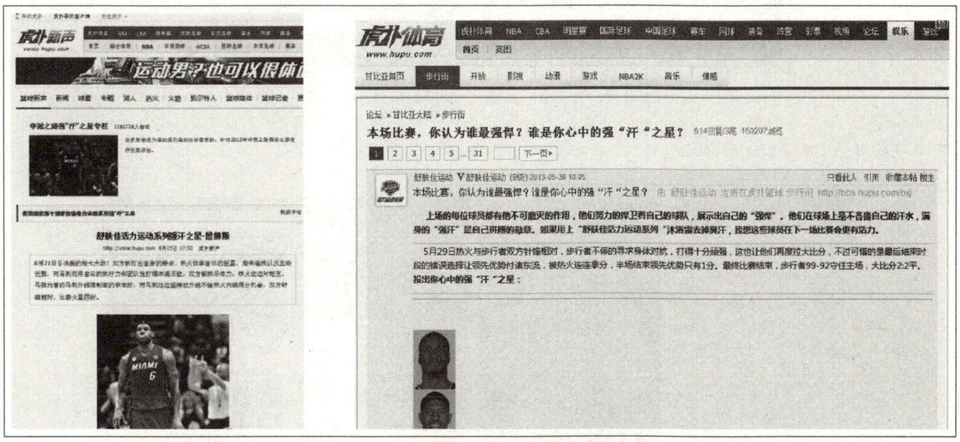

图 1—35　舒肤佳对投票活动的软性植入

（四）手机端重新互动

（1）手机直播网友互动。

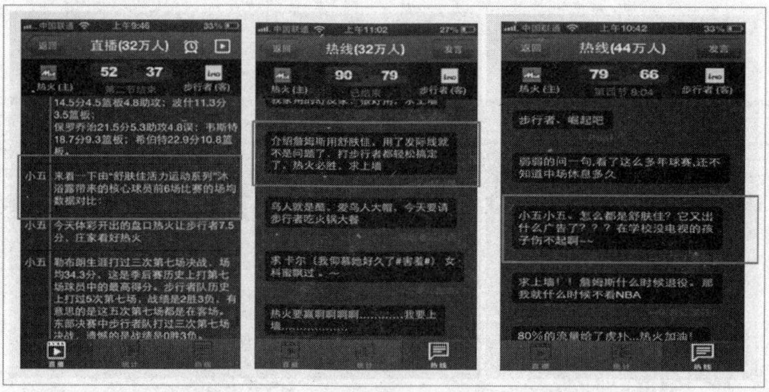

图 1—36　舒肤佳手机直播网友互动

（2）虎扑看球——虎扑赛后投票互动活动。

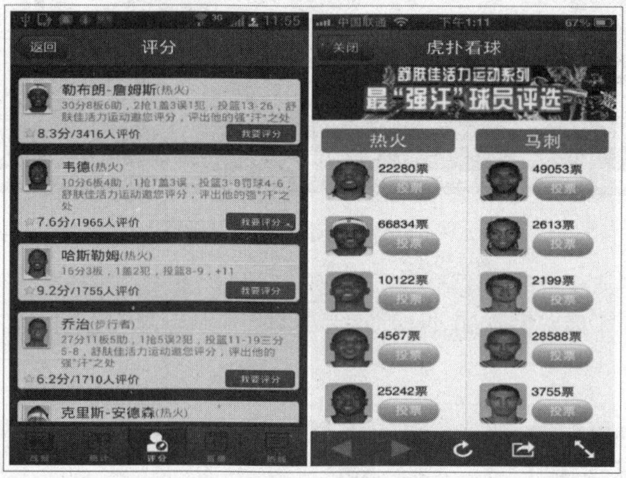

图 1—37　舒肤佳手机看球投票活动

（3）手机端内容传播。

图 1—38　舒肤佳手机内容传播

三、广告效果

本次全媒体广告传播历时一个月，传播总曝光达到了近6亿人次，日均2 000万人次的曝光量，在体育人群（舒肤佳活力运动系列的目标人群）中高度大面积曝光；其中共产生500万人次的点击及近170万人次的网友互动（其中手机端互动731 604人次），很好地完成了舒肤佳活力运动系列让虎扑网人的体育用户从“不知”到“认知”再到“用户与品牌联动”的效果。

案例三：青岛啤酒借势“CBA啦啦队选拔赛”

广告主（品牌）名称：青岛啤酒
案例策划、制作单位名称：搜狐公司
案例实施时间：2013年1月—2013年4月
中国第五届虎啸奖银奖作品

一、案例介绍

（一）实施背景

作为历史悠久的啤酒品牌，青岛啤酒在国内一直处于领头羊的地位。但中国啤酒行业的竞争异常激烈，除了面对诸如雪花、燕京、哈尔滨啤酒等国内品牌的威胁，还需应对百威、喜力、嘉士伯等国外品牌的挑战。

2013年青岛啤酒签约CBA成为其官方合作伙伴，而青岛啤酒最主要的竞争对手一直在和NBA合作。众所周知，CBA竞技水平和赛事组织都不如NBA，在客户预算较为有限的前提下，如何赢得这场篮球营销的胜利？

（二）广告目标

目标受众：18～35岁男性球迷，热爱篮球，对自己喜欢的球队及球星关注度高；喜欢和兄弟哥们儿一起观看球赛或其他体育节目；享受和朋友们一同参与某事带来的心灵共振的满足感；崇尚简单、快乐、激情的生活理念。

广告目标：通过CBA系列营销推广，拉近青岛啤酒和消费者之间的距离，提升青岛啤酒品牌亲和力。

具体的活动关键业绩指标KPI：广告曝光5亿；页面UV 400万；活动参与人数50万。

（三）创意核心

基于以上挑战，通过对大量篮球爱好者进行深度访谈，策划方发现：（1）NBA球迷关注的核心是球星，会随着球星的转会改变关注的球队；（2）对于CBA，球迷具有浓厚的家乡情结，他们带着个人情结和地域荣誉感去支持这支身边的球队，为它奋力呐喊，甚至感动流泪，而这种家乡情结对于NBA的中国球迷来说，是完全不具备的！

于是，策划方发现了一个机会：CBA球迷的城市情结及CBA特有的亲和力，是拉近青岛啤酒和消费者之间距离的绝佳机会！需要让球迷觉得青岛啤酒是和他们站在一起的！而这也恰恰解决了青岛啤酒一直以来想要解决的一个问题——进一步提升品牌亲和力！因此，策划方以“捍卫我的主场”为口号，展开了一场CBA营销网络盛宴。

（四）传播策略

在全明星赛开始之前，和CBA官网搜狐网“票选全明星首发球员”深度合作，期间青岛啤酒组织了17支球队的球迷为自己主场的球星投票，以支持自己家乡的球星出战全明星赛。同时，还可票选家乡球队的啦啦队去全明星赛现场代表球迷加油助威。

到了季后赛阶段，利用球迷希望自己家乡热门球星当选MVP的强烈愿望，发起了一场民间的MVP选拔，号召球迷助力家乡球队中最优秀的球员角逐终极MVP。

另外，所有参与线上互动的幸运网友均有机会获得球票和捍卫道具现场为家乡球队喝彩，将青岛啤酒对于球迷捍卫主场的助力发挥到极致！

在整个执行过程中，策划方活用了青岛啤酒的独有资产——CBA啦啦队，让啦啦宝贝作为球迷的代言人，让线上线下为家乡球队助威喝彩的气势更强！

二、广告实施及表现

策划方选择了CBA独家官方合作伙伴搜狐网为主平台，并辅以中国最大的篮球垂直媒体——虎扑体育网进行投放。

活动前期集中投放搜狐网，并结合CBA重要赛事强打曝光，后期联合虎扑体育网同时投放，且利用虎扑网的高渗透性进行相关软性话题的炒作。

图1—39 青岛啤酒三阶段互动活动炒作

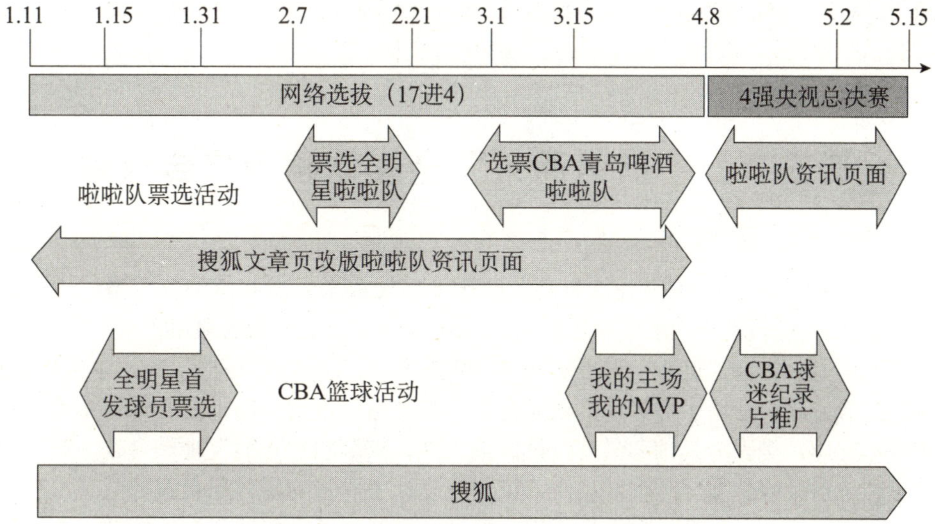

图 1—40　青岛啤酒“啦啦队”选拔活动进展

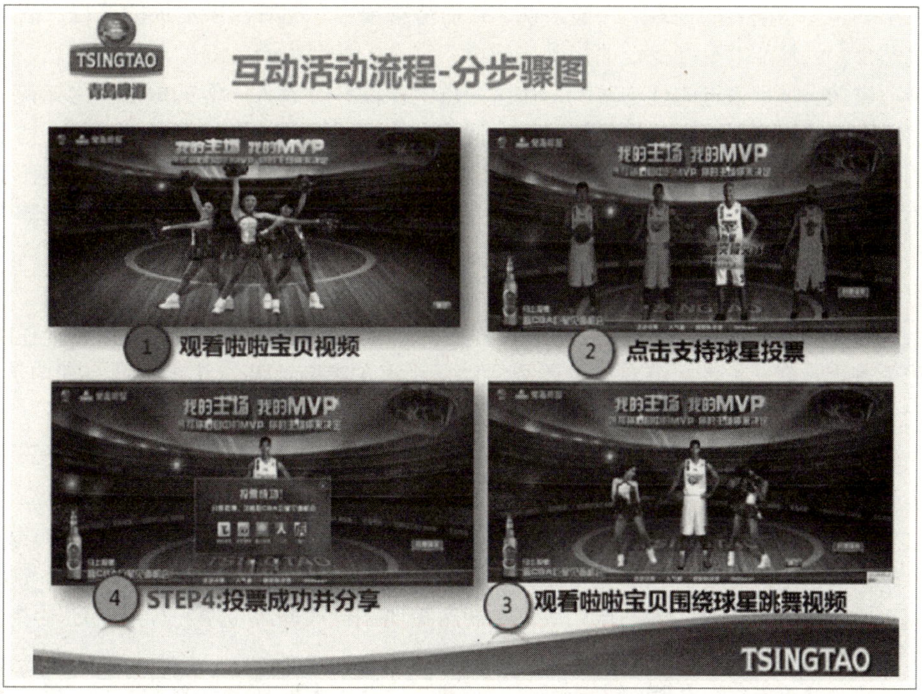

图 1—41　青岛啤酒“啦啦队”选拔流程

三、广告效果

通过“捍卫我的主场”系列推广，共吸引了 380 多万人次参与活动，广告曝光总数超过 4 亿，页面 UV 超过 600 万。

同时，“捍卫我的主场”系列推广通过球迷的家乡情结，极大地拉近了青岛啤酒和普通消费者的距离。推广结束后的消费者调研，很多球迷表示，他们对青岛啤酒的接受程度有了明显提高。

第三节 “借势而为”全媒体整合广告点评

“借势而为”的广告策略往往有着四两拨千斤的效果，因此借助热点事件进行广告营销不是什么新鲜玩法，借助综艺娱乐节目和体育节目之势做品牌推广也已经司空见惯。但问题是，如何“借势”得更加巧妙，更加深入人心呢？归根结底，还得拼创意，拼媒体投放方式。在诸多借势综艺或体育节目的营销广告中，以上这些优秀案例之所以能够脱颖而出，是因为其创意具有较好的嵌入性，与节目“无痕”地贴合在一起；更重要的是，针对全媒体多屏时代的特点，策划方设计了周密的媒体组合投放方式，充分发挥互动优势，将节目受众全方面地捕捉、发动、说服，最后创造了惊人的从受众到消费者的转化率。具体成功经验总结如下。

第一，无痕嵌入的创意。一般来说，在借势营销中，品牌与所借助的节目、活动越无缝贴合，就越能够赢得受众的接受与好感；反之，就会引起受众的反感与厌恶，甚至会弄巧成拙。本章入选的优秀案例，在这一点上往往具有高人一等的做法。比如说，以节目或比赛的冠名形式进行借势营销的案例不在少数，但其效果却相当一般。有别于一般的冠名活动，长安福特翼虎独家冠名《中国梦之声》的整合营销之所以成功，在于他们不遗余力地创造汽车与音乐节目的结合点，在节目火遍全国的同时巧妙地把品牌信息传递出去。他们的具体手段不仅是在节目中冠名、LOGO植入，指定长安福特翼虎作为官方指定用车等常规手段，而且还谋求将汽车与音乐的跨界营销提升到更高层次，包括在海选阶段开通长安福特4S店直通车报名点，让选手们与经销网点直接接触；在比赛阶段千方百计创造长安福特翼虎主题秀活动，让汽车参与比赛，让比赛在汽车中进行，从而实现了音乐与福特翼虎天衣无缝的贴合传播。

贝因美《妈妈在这儿》在借势话题与品牌传播的贴合上也做得非常完美。随着《爸爸去哪儿》火遍大江南北，受众期待看到更多关于主人公的幕后故事。针对这一心理需求，爱奇艺和贝因美设计了与“爸爸热”相呼应的网络衍生节目——《妈妈在这儿》，与叶一茜、胡可、郝蕾、苏岩、马艳丽、袁咏仪等多位明星妈妈一起探讨育儿心得，分享感人桥段，吸引受众，提高推广率，短期内实现了较高的点击率。在这一过程中，贝因美也无痕地实现了品牌扩音。

第二，高度互动的传播。毫无疑问，互动活动会大大提高受众的卷入度，提高品牌传播的效率。但是，如何将受众拉入互动活动之中，就要考验广告人的创意安排了。京东在《我是歌手》期间推出APP“喜摇摇”的互动形式，别出心裁地设计了喜摇摇——“摇不停手”、喜摇摇——“摇上瘾”以及喜摇摇——“摇！为歌手加油！”三个阶段连贯递进的互动活动。这正是利用电视和手机的双屏互动，增强受众的情景体验，利用他们的碎片化时间，实现节目与受众的互动，以及品牌的传播。海飞丝男士系列在借助体育赛事传播过程中，充分结合门票争夺、品牌测试、球迷故事以及游戏互动等形式，让海飞丝的品牌理念“100%自信 上·无畏”在网友中引起共鸣，从而使得品牌形象更加鲜明地树立在消费者心目中。舒肤佳活力运动系列则通过 NBA 赛事的“奇葩”球员、“强汗”之星等话题互动，在虎扑网上形成热议，从而“流汗后用舒肤佳活力运动系列去汗味增活力，不做臭汗男”的理念深入人心。比起这些案例，青岛啤酒借助 CBA 赛事的品牌营销则更加主动。不仅在全明星赛开始之前发起了“票选全明星首发球员”的投票活动，而且在比赛期间组织了为自己主场的球星投票，以及票选家乡球队的啦啦队去全明星赛现场助威等多场投票活动。

在全媒体时代，凭借更加先进的技术手段，借势整合营销有着更加多样化的创意空间以及传播方式。以上一些成功经验无不是精妙的创意与得当的传播方式相结合的产物。因此，如何更好地应用技术，迎合受众的心理需求，策划出事半功倍的营销方案，正是“借势而为”全媒体整合广告未来之路的主要挑战。

第二章　全媒体整合广告策略二：无风起浪

- 让我们策划一次社会聚焦
- 用公益理念打开沟通大门
- “无风起浪”全媒体整合广告点评

在全媒体时代，多样化的媒体组合，互动性强的媒体互动，大大增强了广告人的能动性。只要有好的谋划，无风也能起浪！

第一节　让我们策划一次社会聚焦

“借势而为”全媒体整合广告固然有很多优点，但是高关注度的事件并不是时常都有，高关注度的事件也未必能够较好地与品牌形象相契合。在这种情况下，想办法策划社会活动，吸引公众注意力，“无风起浪”无疑是一种好方法。尤其是在全媒体时代，多样化的媒体组合，互动性强的媒体互动，能够大大提升营销活动的传播速度，增强趣味性，提高参与度。下面介绍2013年策划社会焦点事件的全媒体整合广告优秀作品。

案例一：中国平安“平安橙”策划活动

广告主（品牌）名称：中国平安
案例策划、制作单位名称：上海安瑞信杰广告有限公司
案例实施时间：2013年5月24日—2013年5月27日
中国第五届虎啸奖银奖作品

一、案例介绍

（一）实施背景

2013年5月27日是中国平安25周年司庆的日子，借这个特殊的时机，通过一轮网络传播，打造中国平安25岁充满生机、活力、创新的品牌形象。

在活动开展前，中国平安官方微博已沉淀81万粉丝，需要调动粉丝自身力量为传播造势。但是，由于金融保险行业一直给人较为严肃刻板的印象，如何制造出新奇好玩的病毒性内容，引发用户讨论甚至参与内容创作，是本次传播的重大挑战。

（二）广告目标

中国平安的目标受众以年轻群体为主，他们对微博有较高的使用黏性，乐于接受新鲜事物，热衷分享、表达。同时对微博上新奇的话题会加入讨论甚至恶搞。

广告目标：通过一系列病毒炒作，从各种角度凸显中国平安的个性态度，塑造中国平安的品牌形象，引发用户的关注讨论，从而增加用户与品牌之间的黏性，沉淀用户口碑，展现企业品牌形象。

（三）创意核心

1. 一个橙子，7种演绎！

创意采用橙子代表中国平安，演绎7种不一样的平安橙。具体来说，使用7种独白式“橙子体”语言代表中国平安的个性和态度，并结合网络用户特性，加强句式的可玩性，激发用户二次病毒恶搞传播。

2. 香港有大黄鸭，平安有大橙子！

创意结合时下大众对大黄鸭的追捧，配合本次中国平安 25 周年司庆的线下活动，设计一个大型的充气橙子摆放在深圳总部楼下大门，一方面配合现场活动吸引中国平安员工合影，增强员工对公司的归属感，另一方面通过随手拍活动吸引用户关注中国平安 25 岁周年司庆活动，传播中国平安有活力、敢创新的精神。

（四）传播策略

25 岁，正是充满朝气、活力、创新思维的年纪，中国平安长久以来，一直为客户打造专业、创新的全面综合型金融服务。中国平安借司庆之际，打造一波线上线下结合的品牌形象病毒传播，通过创新的形式将中国平安年轻、充满活力的企业形象植入用户心中，提升中国平安的美誉度。

二、广告实施及表现

（一）橙子体创作

在梳理了中国平安 25 年的大事件后，抽取其中 5～8 件作为重要线索，通过有创意的实体表现形式，用简单的橙子形象化地表达出中国平安的重要历史时刻。通过文案深化对中国平安 25 周年传播，展现企业品牌形象价值。

（二）让橙子为平安代言

碎片化的时代，需要更具体的形象给消费者留下深刻印象。根据中国平安橙色的 VI 视觉，选择富有生机活力的橙子这一形象符号为中国平安代言，同时也呼应 25 周岁的中国平安的品牌调性。

1. 1 个橙子，7 种演绎

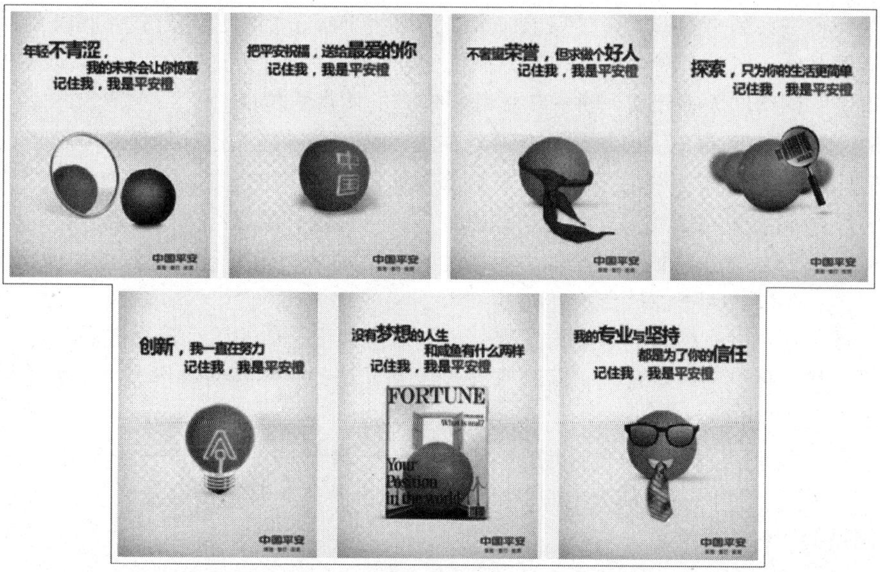

图 2—1 中国平安“平安橙”7 种演绎

7 种不同的平安橙，分别带出中国平安在公益、创新、专业等 7 个领域的形象。每一句橙子体，都是平安的个性和态度的表达。同时结合网络用户特性，加强句式的娱乐性，引爆用户二次病毒恶搞传播。

2. 明星、水果、电视台恶搞版

图 2—2　中国平安恶搞版广告

结合时下热门电影、明星及电视台等一系列不同领域的恶搞，全面引爆网友的好奇及转发，软性传播平安橙及平安品牌。

（三）网络病毒式传播

为配合一系列平安橙的传播需求，本次采取线上线下相结合的方式，同时利用新浪微博话题及红人资源，对中国平安官方微博发起的平安橙进行话题传播，并加入恶搞明星、电影、网络红人等元素，进一步扩散平安橙的病毒式传播。

5 月 24 日：发布 3 稿海报；发布随时拍预热帖；配以红人资源炒作。

5 月 25 日：发布 2 稿海报；发布恶搞海报病毒传播；配以红人资源炒作。

5 月 26 日：发布 2 稿海报；发布恶搞海报病毒传播；配以红人资源炒作。

5 月 27 日：发布 7 稿海报合体；发布随时拍活动帖；微话题粉丝互动；微博 PC 端广告引流；配以红人资源炒作。

后续传播：发布粉丝的平安橙系列稿合集，作为橙子体的后续曝光传播。

借由橙子体创造、结合当下潮流恶搞、线下互动、事件网络炒作等一系列传播，在传播上大造声势！

执行时间有限，5 月 17 日敲定执行方案，5 月 24 日即要上线第一批 3 稿微博海报，5 月 27 日周年庆之际达到最大化的传播效果，配合微博大号资源以及线下的互动合影，引爆网民关注讨论高潮。

图 2—3　中国平安病毒式炒作传播

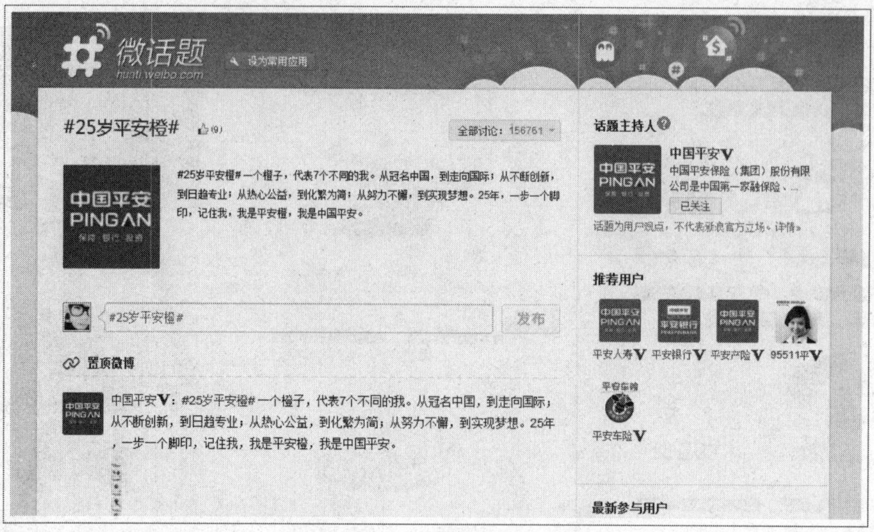

图 2—4　中国平安微话题互动传播

（四）新浪微博社交媒体传播

集中投放新浪微博，凝聚最大爆发力，7 个橙子体代表中国平安始终为用户。

“＃25 岁平安橙＃大黄鸭，在哪里？大橙子，在这里！5 月 27 日，深圳市福田中心区福华路星河发展中心会出现一个巨大的‘平安橙’，拍下橙子参与活动就有平安生日好礼相送！与平安共同庆生，一起去拍橙吧！”

图 2—5　中国平安“平安橙”快拍我篇

“♯25 岁平安橙♯1988 年 5 月 27 日，我诞生。从创业 13 人团队，到如今 70 万平安伙伴。25 年，我最重要的财富，就是梦想、坚持。年轻不青涩，我的未来会让你惊喜。记住我，我是平安橙。”

图 2—6　中国平安“平安橙”诞生篇

“♯25 岁平安橙♯1992 年，平安冠以‘中国’两字。你的名字，我的姓氏。把平安祝福，送给最爱的你。记住我，我是平安橙。”

图 2—7　中国平安“平安橙”送福篇

“♯25岁平安橙♯1994年，平安成立了第一所希望小学。今天，在‘公益一小时为爱送平安’活动中，平安捐出3万份‘大病医保’，为雅安的孩子送去爱心。25年，平安始终践行梦想，承担社会责任。不奢望荣誉，但求做个好人。记住我，我是平安橙。”

图2—8　中国平安“平安橙”好人篇

“♯25岁平安橙♯创新不只苹果，橙子也可以。2009年起，平安一账通平台创新让理财更方便，快易免服务创新让理赔更高效，MIT移动展业模式科技创新让服务更快捷。创新，我一直在努力。记住我，我是平安橙。”

图2—9　中国平安“平安橙”创新篇

“♯25 岁平安橙♯别人眼中的权威，不及你心中的信赖。2006 年，平安金融培训学院开业；2007 年，开创保险电销模式；2009 年，服务承诺升级……我的专业与坚持，都是为了你的信任。记住我，我是平安橙。”

图 2—10 中国平安“平安橙”专业篇

“♯25 岁平安橙♯2011 年，整合旗下 17 条服务热线，只要一个号码 95511，实现保险、银行、投资全方位一站式服务。探索，只为你的生活更简单。记住我，我是平安橙。”

图 2—11 中国平安“平安橙”探索篇

“♯25 岁平安橙♯《财富》‘世界 500 强’第 242 位、‘100 大最具价值全球品牌’第 84 位、福布斯全球企业 100 强第 83 位。‘保险、银行、投资’三驾马车齐头并进，没有梦想的人生和咸鱼有什么两样？我要成为国际领先的综合金融服务集团。记住我，我是平安橙。”

图 2—12 中国平安“平安橙”梦想篇

一个橙子，代表 7 个不同的“我”。从冠名中国，到走向国际；从不断创新，到日超专业；从热心公益，到化繁为简；从努力不懈，到实现梦想。25 年，一步一个脚印，记住我，我是平安橙，我是中国平安。通过利用中国平安官方微博自媒体的优势，将已沉淀的 81 万粉丝成功调动，共同为中国平安 25 周年司庆宣传造势。

（五）线下平安橙执行

创意结合时下大众对大黄鸭的追捧，配合本次中国平安 25 周年司庆的线下活动，设计一个大型的充气橙子摆放在深圳总部楼下大门，一方面配合现场活动吸引平安员工合影，增强对员工公司的归属感，另一方面通过随手拍活动吸引用户关注平安 25 岁周年司庆活动，传播中国平安有活力、敢创新的精神。

三、广告效果

通过创新的病毒性营销方式，此次一系列病毒炒作，从各种角度凸显了中国平安的个性态度，塑造了中国平安的品牌形象，引发了用户的关注讨论，从而增加了用户与品牌之间的黏性，沉淀了用户口碑。

线上推广 10 337 034 次曝光量，4 594 万次点击，官博微话题讨论数 146 873 次，微博红人资源 105 945 055 次曝光量。

制造话题，赢得用户认可！创意短短 4 天时间，平安橙通过线上线下的广告创意传播，成功在自媒体上制造话题，并且整体形象受到用户赞誉，为中国平安品牌形象带来

图 2—13 中国平安“平安橙”线下执行

了更正面的曝光，并建立了更年轻、更活力的金融企业形象。

案例二：“大黄鸭”悦游香港海港城

广告主（品牌）名称：香港海港城
案例策划、制作单位名称：香港海港城置业有限公司
案例实施时间：2013 年 5 月 2 日—2013 年 6 月 9 日
中国第五届虎啸奖银奖作品

一、案例介绍

（一）实施背景

香港海港城成立于 1966 年，位于维多利亚港的核心位置，是目前香港最大、最先进的购物中心，拥有 450 间零售商铺、60 家餐厅、3 家酒店、2 座电影院和 1 家艺术画廊。随着香港本地购物商场竞争越来越激烈，仅在海港城周边就有超过 13 家购物中心。在此背景下，海港城希望通过举行一些大型活动吸引顾客到访。

自 2007 年以来，海港城已经组织过数场免费公共艺术展览，展出过世界一流的艺术家作品，包括草间弥生（日本）、KAWS（美国）和岳敏君（中国），均受到广泛好评，积累了举办大型活动的经验。

经过多方评估，海港城决定邀请荷兰鬼才艺术家弗洛伦泰因·霍夫曼（Florentijn Hofman）于 2013 年 5 月 2 日至 6 月 9 日，在海港城海运码头旁展示他的经典杰作——一个高达 16.5 米的巨型充气“橡皮鸭”。橡皮鸭的设计灵感源自荷兰博物馆的一副绘画作品，创作理念是向世界各地传播快乐，而海港城也一向秉持为游客提供愉快的购物环境，两者的理念完全相同。所以，策划方最终决定将橡皮鸭作为活动主角，通过线上线下的全覆盖宣传，吸引新老访客到访海港城，让大家再一次在海港城感受轻松愉悦的购

物气氛。

（二）广告目标

商场竞争环境日益严峻，海港城希望在众多本地市场中脱颖而出，争取尽可能多的游客到访海港城，让游客在海港城体验愉快轻松的购物环境，在海港城轻松地度过假期或周末的空闲时间。使游客将海港城作为到香港旅游必到的目的地之一，希望本地游客将海港城作为日常休闲、娱乐的首选地。

通过橡皮鸭所代表的快乐和美好目标，让游客体会到海港城一直倡导的购物理念。所以，广告商分别在新浪微博、微信、Facebook、YouTube、Instagram 上发布或创建#橡皮鸭悦游海港城#的内容，保证活动的传播范围；加入雅虎香港的天气预报页，让香港市民每日都能见到带来快乐的橡皮鸭；更邀请海港城的商户加入活动，创作特别的橡皮鸭美食、能看到橡皮鸭的酒店房间、购买到橡皮鸭的产品；还特别与慈善组织合作，在售卖橡皮鸭周边产品的同时，也为慈善贡献小小的力量。

活动目标是重新赢回原有的访客，吸引更多的新访客前往海港城，同时进一步提升海港城的国际形象，扩大海港城的品牌影响力。

（三）创意核心

橡皮鸭是小孩沐浴时喜欢玩耍的黄色小鸭，比较容易勾起许多人的童年回忆，并且它不分年龄、种族、国籍，软软浮动的橡胶象征快乐和美好，可爱的身影总是让人会心微笑，能治愈人心灵上的伤口。它不歧视任何人，也不带有任何政治内涵。设计者认为它可以疏解当前紧张的政治局势，更重要的是这只又友善又软又萌的橡皮鸭，会令任何年龄的人都喜欢。

所以，海港城特别邀请橡皮鸭首次到访大中华区，举办香港首个海上公共艺术展，希望通过传播橡皮鸭代表的美好愿景，将快乐和美好传播给每个到访海港城或者通过网络浏览到橡皮鸭的游（访）客。

在活动中，海港城围绕橡皮鸭多角度、全方位地举行了一系列的互动活动，为海港城带来了较好的口碑及正面报道。并通过广大网友及各大媒体的自发性宣传，扩大“橡皮鸭悦游海港城”活动的传播效果。最后，利用各界明星的主动到访，与橡皮鸭留影并发布微博，加强“橡皮鸭悦游海港城”活动的传播效果。

（四）传播策略

海港城作为香港唯一一家位于维多利亚港旁的购物商场，交通便捷、地理位置独特，而橡皮鸭作为一个童年的记忆，同时也是大家所熟悉的一个承载物。利用橡皮鸭作为海港城的形象传播工具，在线上线下传播。

二、广告实施及表现

（一）线上预热

在 2013 年 3 月，海港城先在网络上进行活动预告，吸引网友的关注。4 月下旬，橡皮鸭刚进入香港做测试阶段，有网友及媒体在 Facebook、新浪微博等社交媒体平台，自发地发布橡皮鸭的近况，为之后的活动进行大规模的免费宣传。

图 2—14　海港城橡皮鸭网上宣传

（二）线下执行

橡皮鸭与海港城合作，设计了一系列周边产品，如T恤、明信片及派对套装等，为慈善组织募捐善款。

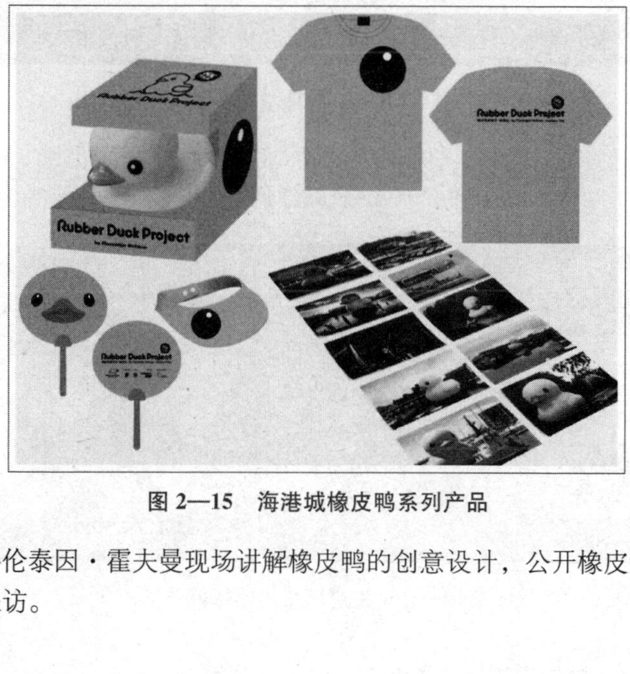

图 2—15　海港城橡皮鸭系列产品

设计者弗洛伦泰因·霍夫曼现场讲解橡皮鸭的创意设计，公开橡皮鸭能够漂浮的秘密并接受媒体采访。

图 2—16　海港城橡皮鸭设计师接受采访

邀请海港城租客及酒店一同参与，为橡皮鸭创作特别的主题美食、推广橡皮鸭类似的产品、可看到橡皮鸭的酒店套房。

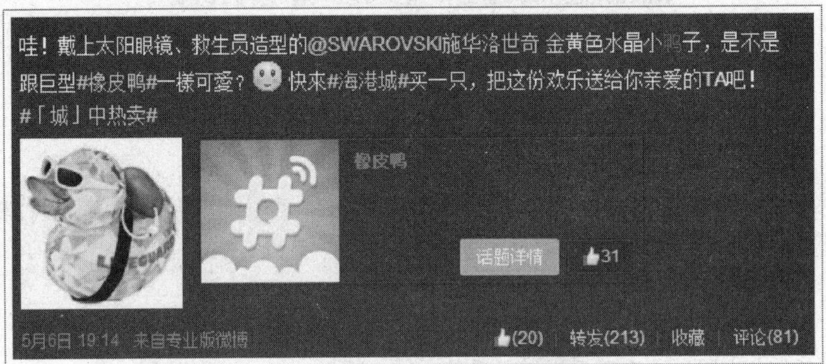

图 2—17　海港城橡皮鸭主题推广

活动前，邀请香港一线明星和日本卡通人物哆啦 A 梦为活动预热；活动期间，香港、台湾、大陆明星主动到访橡皮鸭展览，并且在他们各自的微博上分享与橡皮鸭的合影。

图 2—18　海港城橡皮鸭微博分享

各大报纸大幅宣传，电视媒体也争相报道。

图 2—19 海港城橡皮鸭各大报纸宣传

图 2—20 海港城橡皮鸭电视媒体宣传

在香港本地主要论坛上也获得了较大浏览量。

（三）线上宣传

新浪微博（内地）、Facebook（香港及海外）、Instagram 上分享关于橡皮鸭活动的进展和相关图片。

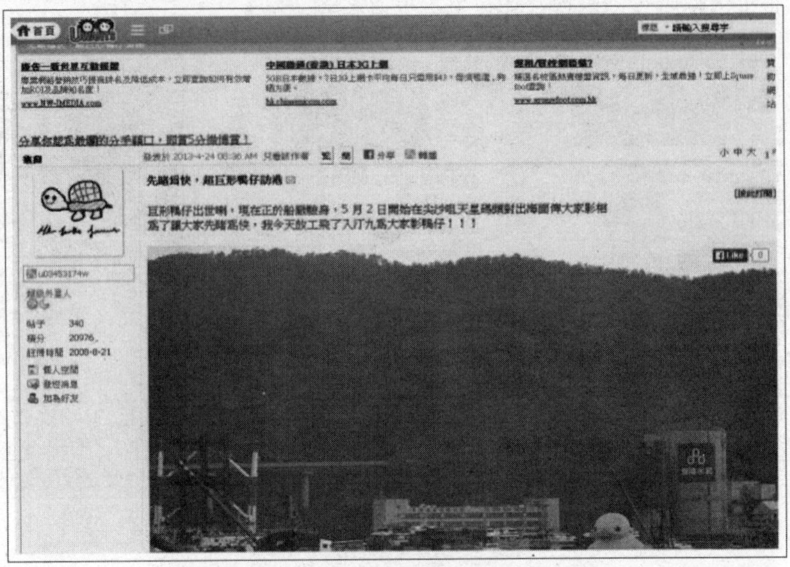

图 2—21　海港城橡皮鸭论坛宣传

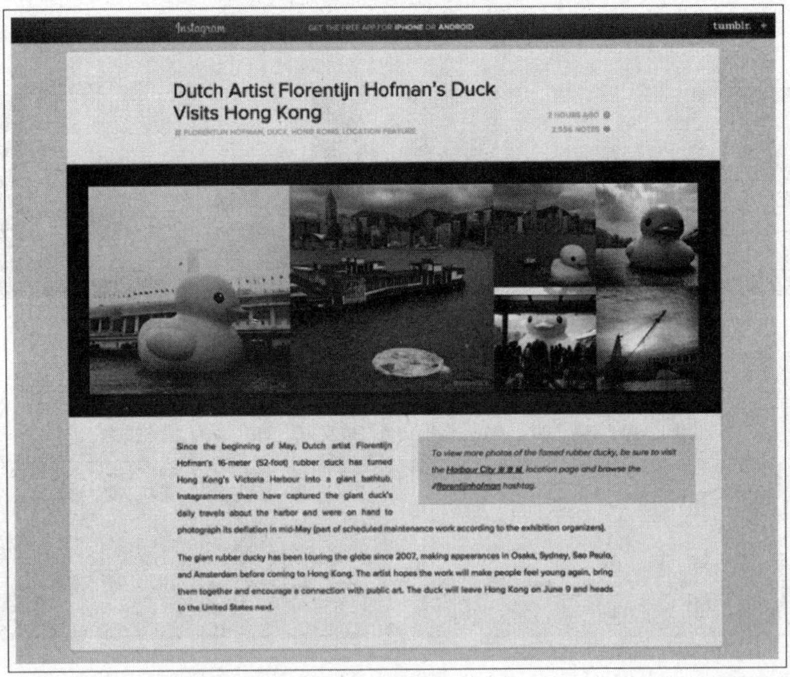

图 2—22　海港城橡皮鸭线上传播

新浪微博（内地）、Facebook（香港及海外）、Instagram 上进行最佳橡皮鸭创意照片比赛，吸引广大用户参与。

与香港微信合作设计专属的橡皮鸭表情（第一家为活动设计专属表情的商场）；与香港雅虎合作报道天气预报，其中加入橡皮鸭；在新浪微博上设定特殊的标签及活动页面。

图 2—23　海港城橡皮鸭创意照片比赛

图 2—24　海港城橡皮鸭表情设计

图 2—25　海港城橡皮鸭与香港雅虎合作报道天气预报

图 2—26　海港城橡皮鸭微博专题页面

上传橡皮鸭的视频到 YouTube 上，供网友浏览及分享。

图 2—27　海港城橡皮鸭视频分享

三、广告效果

橡皮鸭艺术展是香港海港城迄今为止在 SNS 上最成功的大型活动。被雅虎在雅虎香港首页列为“香港最热话题”。KOL 及主要的媒体平台从活动开始至结束，都密切关注橡皮鸭的所有状态。

(1) 橡皮鸭占据了大多数香港市民的 Facebook 页面，包括：橡皮鸭即将到访香港的消息；橡皮鸭开幕式内容；在橡皮鸭进行维修期间的新闻报道。

(2) 网络发布范围：涵盖全球 7 大洲，共 55 个国家和地区。

(3) SNS 上举行的橡皮鸭摄影比赛：1 000 次提交。

(4) Instagram 页面：共获得 56 000 条相关帖子。Instagram 官方账户转发橡皮鸭帖子达到有史以来最高的 550 000 次“Likes”。

(5) 新浪微博：相关橡皮鸭的微博内容，共获得 33 000 次转发、10 000 条评论。

(6) YouTube：三段橡皮鸭的视频上传到海港城的 YouTube 页面；视频总浏览量达到 24 000 次。

(7) 香港本地主要论坛：共产生 2 500 个专题页面、2 300 条相关帖子、4 900 000 次浏览量。

(8) 其他无形的积极影响：

1) 香港海港城在本地、亚洲区和全球角度的影响；

2) 在香港的日常报道中包括本地新闻、娱乐、时尚、亲子、社交、体育、TVB 等各个行业，橡皮鸭均引起全港关注；

3) 具有国际影响力的中国媒体——凤凰卫视不断播放橡皮鸭相关的新闻，此次活动还被主要媒体所提及，包括中央电视台、CNN、CNBC、BBC、Bloomberg TV、美联社、法新社、路透社等；

4) 通过此次大型展览，通过橡皮鸭传播高水平的正能量，让香港海港城品牌进一步发展，并借此再次提升了良好的国际形象。

第二节　用公益理念打开沟通大门

公益事业是一项造福人民的善举。一些社会组织特别是一些经济效益比较好的企业，常常通过出人、出物或出钱赞助和支持某项社会公益事业来扩大影响，提高社会知名度与美誉度。利用公益活动，制造企业品牌与公益活动相契合的故事，无疑会更加为人们所接受，为企业品牌加分。但是，在以往借助公益活动造势的整合营销中，常常出现操作不当、设计不缜密的情况，暴露出商家以利益最大化为中心的商业动机，反而招致公众的反感与厌恶。例如 2014 年冰桶挑战火爆一时，“中国首善”陈光标也在微博上发布了两段视频，显示他在 0℃以下的冰水里浸泡了 30 分钟，并发起挑战：若有人超越他，就捐款 100 万元。后来，经过专家实验证实，这一行为挑战了人体极限，几乎是不可能的。2015 年陈光标也承认了视频造假。这让一直高调支持公益慈善事业的陈光标形象大打折扣。

在全媒体时代，借助公益活动吸引公众注意力的广告能够采用更多的传播手段，能够在更短时间、更广范围传递信息，并产生更深刻的互动活动。与此同时，在与受众更广范围、更深层次沟通的时候，稍有不慎就会导致适得其反的结果。所以，全媒体时代以公益理念造势的广告是机遇与风险同在!

案例一：星巴克发起“抬头行动”

广告主（品牌）名称：星巴克中国
案例策划、制作单位名称：腾讯网
案例实施时间：2013年10月13日—2013年10月17日
中国第五届虎啸奖银奖作品

一、案例介绍

（一）实施背景

好友就在身边，关注的却不是TA真实的感受；

爱人就在身旁，却要用文字来表达爱意；

聚会时离不开数字终端，一个人时更是如此。

“低头族”已经成为一种普遍的社会现象，而人们在低头时常常错过身边美好的事物。面对此，星巴克与腾讯携手，倡导用心交流，享受身边美好的事物；大家一起来打造一个与身边好友直接“面对面”沟通的环境与机会!

（二）广告目标

让星巴克成为与身边好友直接“面对面”沟通的最佳线下平台。

（三）创意核心

星巴克倡导用心交流，享受身边美好的事物，因此联手腾讯微博提醒人们抬头，享受身边事物。并通过这样一项具有社会意义的活动，倡导人们放下手机，与亲朋好友“面对面”沟通。与此同时，把星巴克作为最佳沟通场所的品牌形象传递出去。

（四）传播策略

预先制作埋下星巴克品牌伏笔的倡导“抬头行动”的视频，之后通过网络平台、用户社交网络，充分在“低头族”使用频率较高的网络场景下传播病毒视频；同时，通过微博社交网络打造“抬头行动”项目平台，邀请微博达人及腾讯大号在微博推送活动信息，号召更多“低头族”网民参与“抬头行动”，以实际行动支持这一行动。

二、广告实施及表现

（一）微博+视频，点燃“抬头行动”

短期内高强度曝光，通过微博主平台，延展至腾讯网、腾讯视频等多平台联动，迅速吸引消费者眼球，提升点击率，提高议论热度。

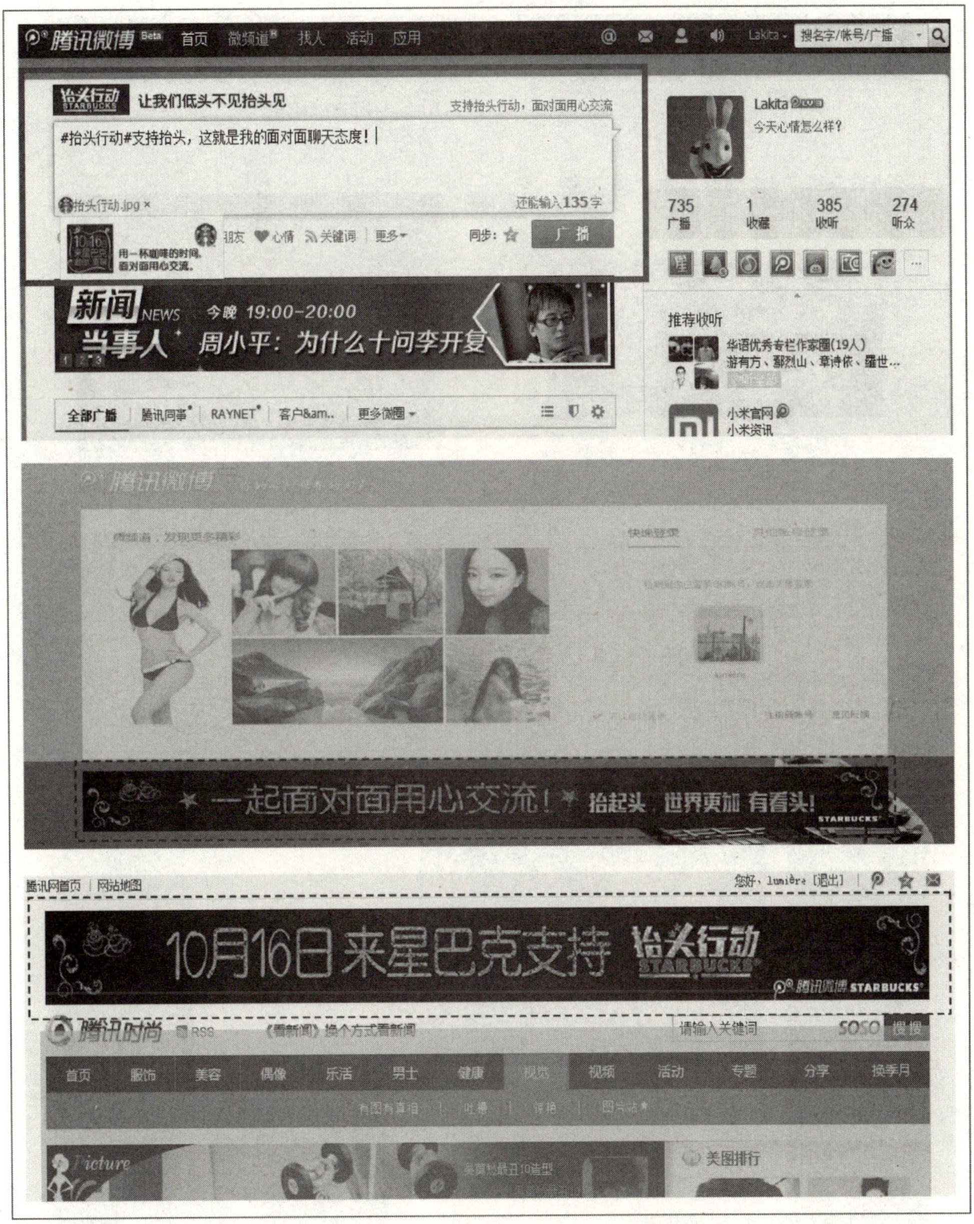

图 2—28　星巴克“抬头行动”腾讯微博宣传

腾讯无线端聚力“抬头行动”推广曝光，打造公益活动概念，引导更多“低头族”关注。

（二）微博活动再深化

微博作为活动主平台，通过话题引导、明星参与、腾讯大号推荐等，短期内建立起立体化“抬头行动”影响力。

图 2—29　星巴克“抬头行动”腾讯微博推广

(1)“抬头行动”主界面——首图可直接点击“支持”或直接参与行动。

图 2—30　星巴克“抬头行动”腾讯微博主页面

(2) 发动明星带头，身体力行参与“抬头行动”，吸引众多粉丝及用户跟随关注并行动。

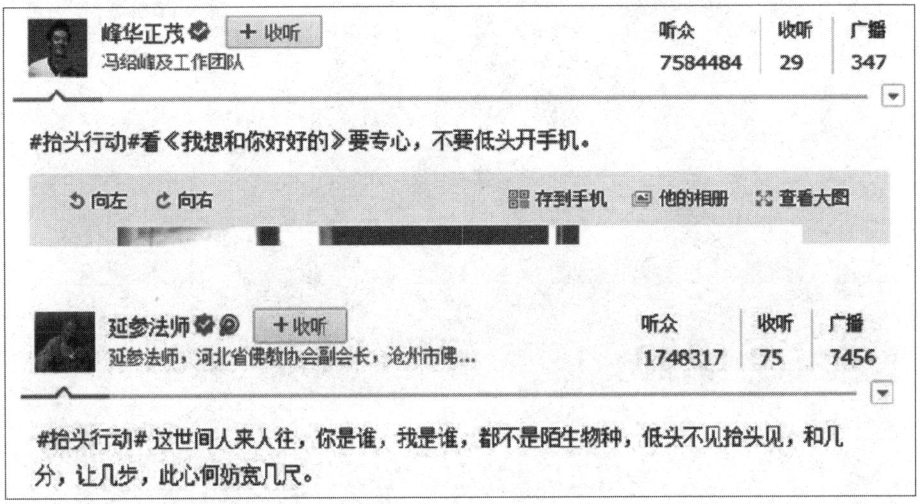

图 2—31　星巴克“抬头行动”腾讯微博明星参与

(3) 微博大号推广，号召更广泛的用户参与其中。

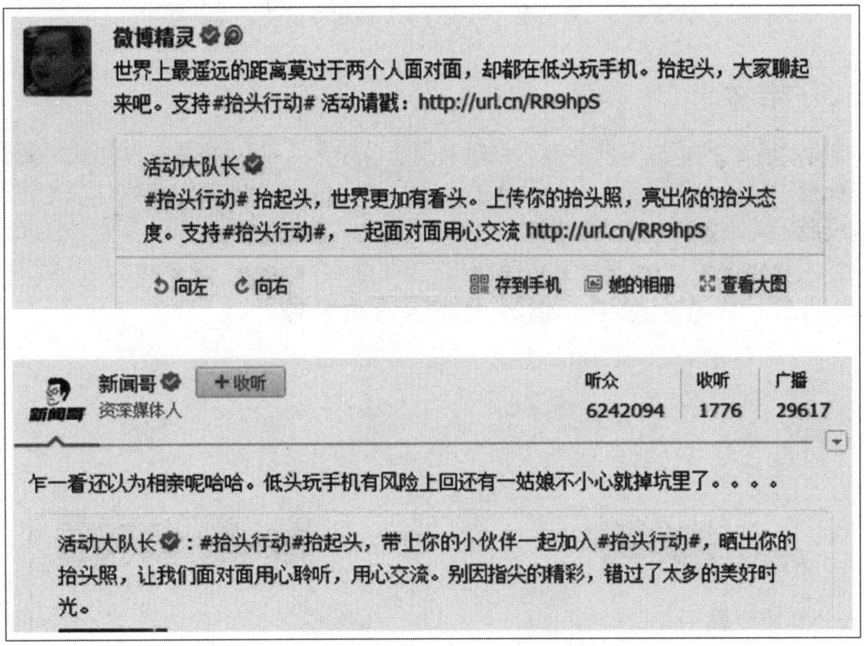

图 2—32　星巴克“抬头行动”腾讯微博大号推广

（三）跨媒体报道

PR 跨媒体报道“抬头行动”，使之成为社会现象并受到广泛关注，星巴克“抬头行动”获得社会广泛认可。

图 2—33 星巴克"抬头行动"腾讯微博跨媒体报道

三、广告效果

短短 5 天时间内，有 200 多万人在线支持了"抬头行动"，600 多万相关话题在网络上发布传播，超过 4 500 万人共同见证了这一行动，总计超 80 家主流媒体争相报道，影响了越来越多的人加入，享受周围的真实。

案例二：成都金融中心倡导大熊猫慈善公益

> 广告主（品牌）名称：成都国际金融中心（成都 IFS）
> 案例策划、制作单位：成都 IFS
> 案例实施时间：2013 年 11 月—2014 年 1 月
> 中国第五届虎啸奖银奖作品

一、案例介绍

（一）实施背景

1. 成都消费水平

根据福布斯发布的数据，2012 年成都奢侈品消费额仅次于北京、上海，位居全国第三，成都人的购买欲、购买力和辐射力，已经能够支撑辉腾、迪奥、雅诗兰黛、浪琴等品牌在本地的销售业绩做到全国甚至全球第一。作为高速扩张中的中国西南中心城市，目前成都商业综合体已经超过 100 个，且大多单体体量在 10 万平方米以上。同时，成都地区消费依旧保持着良好的增长态势。

2. 成都国际金融中心概况

由九龙仓集团有限公司投资建设的成都国际金融中心（Chengdu International Finance Square，IFS），于 2014 年 1 月在中国西部政治文化经济重镇——成都盛大开幕。投资总额逾 160 亿人民币的成都 IFS 位于市中心春熙路核心商圈，占地面积约 76 万平方米，其中购物中心占地逾 21.7 万平方米，另有逾 26 万平方米的超甲级办公楼、约 230 间客房的五星级酒店、约 7.6 万平方的精品服务式公寓。成都 IFS 购物中心致力于打造中国西部最高端、最国际化的购物、娱乐、餐饮、休闲、艺术一站式消费目的地，并将在成都乃至中国西部树立一座国际化城市地标，引领成都人的消费理念与购物习惯，从而体验到真正的国际化大都会生活。

3. 成都国际金融中心市场推广的挑战

成都国际金融中心（IFS）作为初入市的项目，面对的是一个既充满机遇，又竞争激烈的市场。主要挑战是：

（1）如何在短期内塑造良好的品牌形象？

（2）如何联动公益制造社会效应？

在这一背景下，结合成都的文化环境，考虑到熊猫在成都作为一个本土标志，已经被许多非营利机构及商业品牌使用，成都 IFS 希望利用这一元素加大与公益合作的规模和影响力，不仅为熊猫保育议题增加曝光度，也为市场带来新鲜感及国际化质感的提升。

（二）广告目标

1. 塑造品牌形象

作为一个初入市的新项目，成都 IFS 通过运作大熊猫艺术及慈善公益项目，以可爱的熊猫作为创作元素成功地完成了国际品牌的本地化过程，并在短时间内建立起了清晰而正面的品牌形象：时尚、国际化、亲和力。

2. 加强熊猫保育意识

本项目同时与中国保护大熊猫研究中心于都江堰成立的首个大熊猫疾控中心合作，通过各种营销手段，不但唤起了大众对濒危动物熊猫保育的关注，所得善款更能支持该中心各项大熊猫保育工作。

3. 提升城市形象

大熊猫艺术及慈善公益项目的实施，不仅对 IFS 发挥影响力，更对城市的发展作出了贡献：增强市民自豪感，提升市民艺术品位，带动成都文化发展，促进成都大步走向国际化发展之路。

（三）创意核心

一言以蔽之，创意核心是将作为四川标志的熊猫以艺术及公益方式与成都 IFS 品牌结合进行创意传播。具体来说，“大熊猫艺术及慈善公益项目”邀请国际著名艺术家劳伦斯·爱勋（Lawrence Argent）创作熊猫大型公共艺术品，这个高 15 米、重 13 吨，名为“I am Here ”的大型熊猫装置攀爬在成都 IFS 幕墙进行长达数月的公共展览，并联动一系列相关活动进行市场营销，其中包括邀请国内外超级明星、文化名人、设计师等参与设计限量版熊猫艺术品用于慈善拍卖及义卖，并参与拍摄慈善相展的计划等。需要阐释说明的是：

1. 为什么是熊猫?

熊猫是四川的标志，也是中国人的骄傲。熊猫属于中国，也属于世界。作为一个友好的形象，熊猫一直代表着中国与世界的联系与交流，这与成都 IFS 的项目特点——本土化与国际化的融合，具有非常贴切的契合点。因此，利用熊猫的形象，将四川人熟悉的事物国际化，将四川提升至更国际化的平台，如同成都 IFS 对四川人的影响。

2. 成都 IFS 大熊猫为何独特?

(1) 呈现方式：大熊猫攀上外墙，通过它希望先睹为快的造型赋予其好奇可亲的个性，既能取悦成都人，亦能唤起大众对熊猫保育的关注。

(2) 配套活动：一系列公益慈善及艺术活动，国际名人亮相及相应营销活动，有效将声势层层推高，不仅提升了项目品质，更为城市形象的升级增添光彩。

(3) 深刻寓意："I am Here" 具有双重含意，艺术家劳伦斯·爱勋不只通过装置让我们思考自身的存在，也对城市发展繁荣进行反思，提醒人们不要忘记在商业发展的同时，关爱像熊猫一样与我们同在一个地球的珍贵生灵。巨型熊猫的诞生打破了严肃的商业空间与人之间的隔阂，为公众带来新鲜感。

3. 为什么是劳伦斯·爱勋?

劳伦斯·爱勋出生于英国，现居美国科罗拉多州丹佛市，其作品风格自由游走于高雅艺术与大众艺术之间，无论从呈现方式还是概念组织上，都以幽默的表达去打动人群，体察自身所处的社会环境与各自的生活。

本项目是劳伦斯·爱勋首次于中国创作大型艺术装置，既能为熊猫保育宣传带来新鲜感，更可将其提升至国际化层次。

(四) 传播策略

传播策略主要分为创作埋伏期——创作发酵期——创作引爆期，通过三期逐层递进的宣传活动，使品牌创意深入人心。

二、广告实施及表现

(一) 第一阶段：创作埋伏期 (2013 年 11 月 13 日—12 月 4 日)

本阶段的任务有二。一是通过艺术家探访熊猫基地，做广告营销的预热工作。邀请艺术家劳伦斯·爱勋前往大熊猫基地探访，通过与大熊猫的亲密接触激发创作灵感，为创作做好准备工作。二是开始发布项目预热信息，先期吸引市场瞩目。本阶段媒介选择主要侧重于本地媒体，平面与网络兼顾，以信息发布为主。

(二) 第二阶段：创作发酵期 (2013 年 12 月 5 日—2014 年 1 月 13 日)

本阶段的任务有二：一是大熊猫安装期间制造悬念，引起公众好奇与关注；二是在大熊猫装置安装上墙的同时，网络方面与腾讯、新浪等合作展开活动以引发好奇与关注，名人、明星慈善熊猫计划同期开展。

本阶段网络媒体开始侧重与受众的线上互动，平面媒体方面也开始加大力度。

成都首个巨型熊猫艺术装置亮相再掀熊猫保育话题

腾讯大成网·购物频道 2013-11-21 14:38　我要分享　0

2014年1月，成都国际金融中心即将盛装开业。而此时，一只“熊猫”也正跨过竹林，穿越城市的钢筋森林，来到位于红星路步行街，与地铁春熙路站相连的成都国际金融中心，来亲自看看这座 “城中城”的独特魅力。成都国际金融中心将与国际著名艺术家Lawrence Argent（劳伦斯）合作，让成都为中国西部树立一座最国际、最潮流、最时尚的城市地标。

图为Lawrence在雅安（微博）碧峰峡大熊猫研究基地接受成都本地

图为Lawrence与熊猫宝宝的亲密接触

图 2—34　成都国际金融中心的大成网话题预热

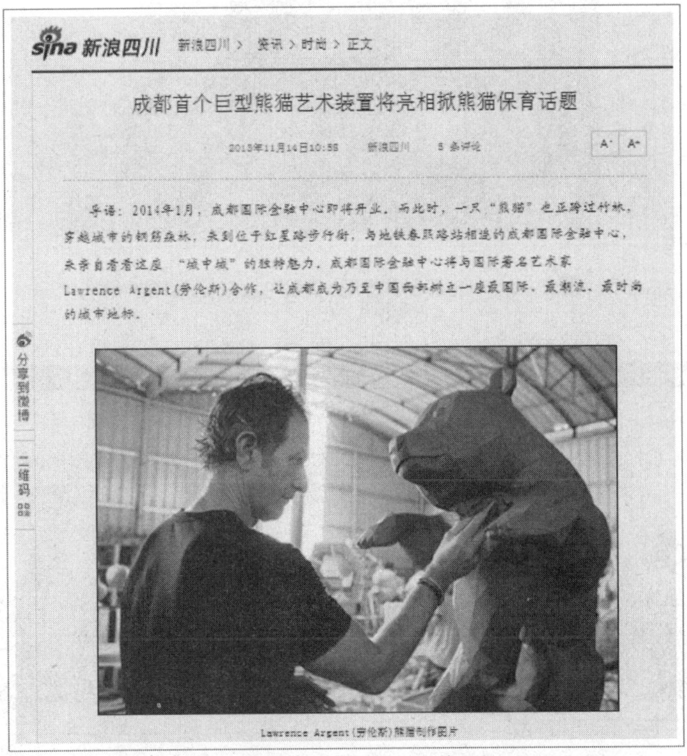

新浪四川　新浪四川 > 资讯 > 时尚 > 正文

成都首个巨型熊猫艺术装置将亮相掀熊猫保育话题

2013年11月14日10:55　新浪四川　5 条评论　A-　A+

导语：2014年1月，成都国际金融中心即将开业。而此时，一只“熊猫”也正跨过竹林，穿越城市的钢筋森林，来到位于红星路步行街，与地铁春熙路站相连的成都国际金融中心，来亲自看看这座 “城中城”的独特魅力。成都国际金融中心将与国际著名艺术家Lawrence Argent(劳伦斯)合作，让成都成为乃至中国西部树立一座最国际、最潮流、最时尚的城市地标。

分享到微博　二维码

Lawrence Argent(劳伦斯)熊猫制作图片

图 2—35　成都国际金融中心的新浪网话题预热

利用熊猫公仔事件进一步烘托慈善主题、为熊猫保育计划舆论造势。
利用线上游戏互动，吸引更多网友关注与参与。
通过线上游戏互动，最终选出部分网友，进行微博互动。

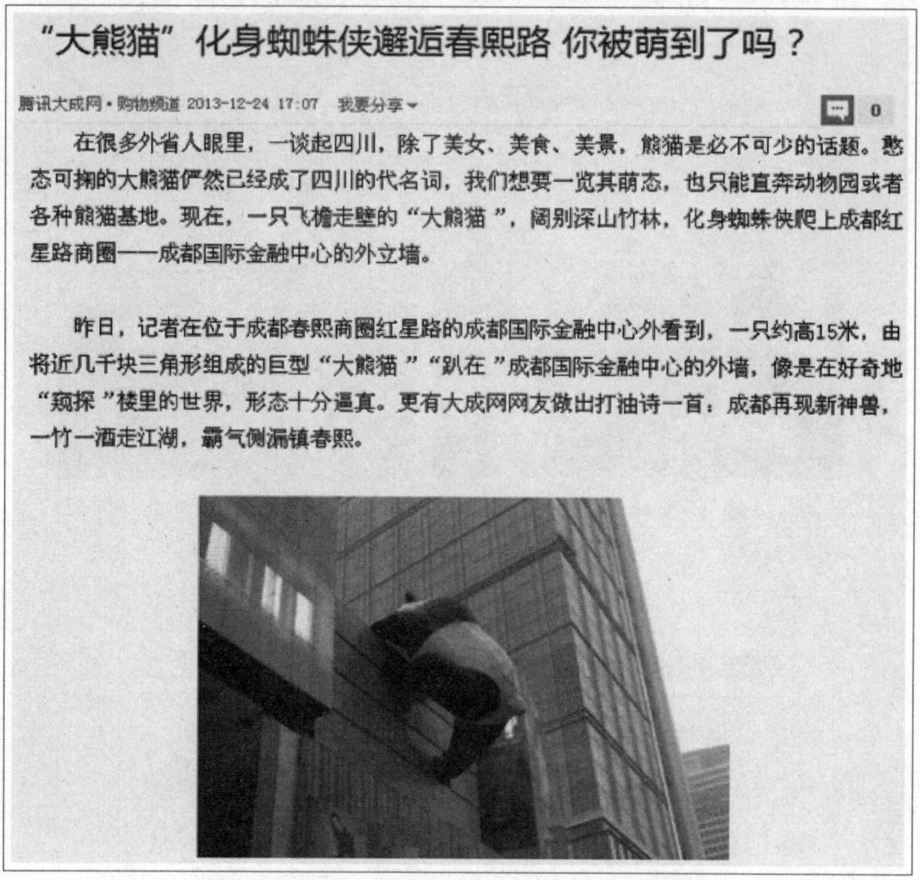

“大熊猫”化身蜘蛛侠邂逅春熙路 你被萌到了吗？

腾讯大成网 • 购物频道 2013-12-24 17:07 我要分享 0

在很多外省人眼里，一谈起四川，除了美女、美食、美景，熊猫是必不可少的话题。憨态可掬的大熊猫俨然已经成了四川的代名词，我们想要一览其萌态，也只能直奔动物园或者各种熊猫基地。现在，一只飞檐走壁的“大熊猫”，阔别深山竹林，化身蜘蛛侠爬上成都红星路商圈——成都国际金融中心的外立墙。

昨日，记者在位于成都春熙商圈红星路的成都国际金融中心外看到，一只约高15米，由将近几千块三角形组成的巨型“大熊猫”“趴在”成都国际金融中心的外墙，像是在好奇地“窥探”楼里的世界，形态十分逼真。更有大成网网友做出打油诗一首：成都再现新神兽，一竹一酒走江湖，霸气侧漏镇春熙。

图 2—36 成都国际金融中心的大成网话题发酵

图 2—37 成都国际金融中心的腾讯新闻客户端推广

图 2—38　成都国际金融中心的明星慈善熊猫计划

图 2—39　成都国际金融中心邀张曼玉、周迅支持活动

（三）第三阶段：创作引爆期（2014 年 1 月 14 日—31 日）

这一阶段是大熊猫装置揭幕仪式以及成都 IFS 开业仪式。以声势浩大又别具创意的

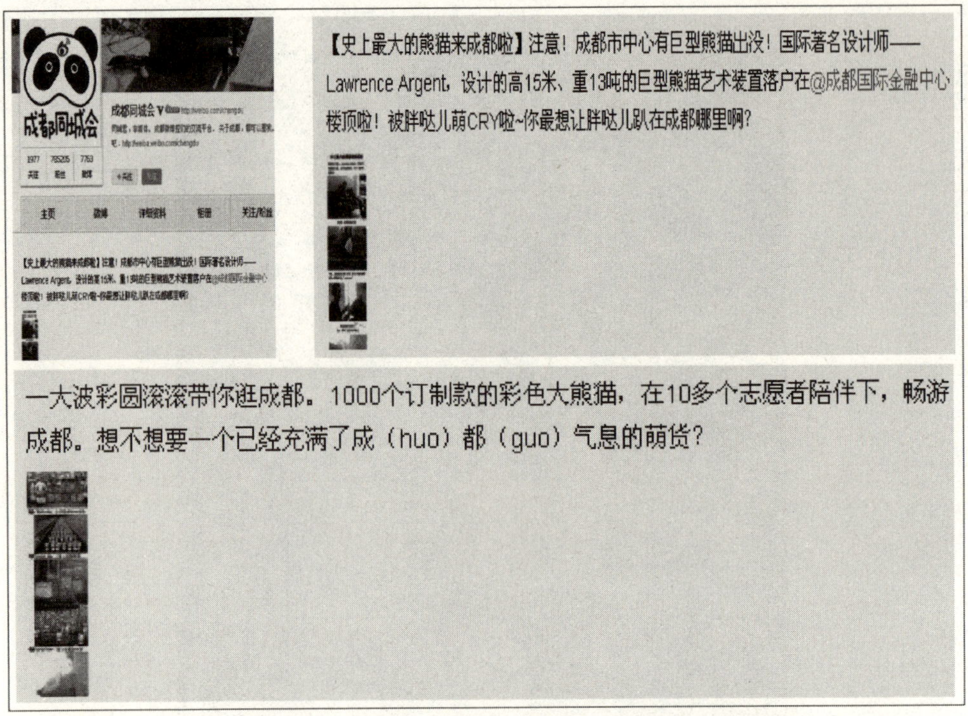

图 2—40　成都国际金融中心的微博造势

图 2—41　成都国际金融中心的线上游戏互动

方式为大熊猫装置揭幕，同时系列活动（慈善义卖活动、名人慈善相展、大熊猫装置展览等）也正式启动。

本阶段引入了更多海外媒体，以期在更大范围内造成轰动效应。

图 2—42　成都国际金融中心的网友互动

图 2—43　成都国际金融中心开业仪式

三、广告效果

（一）塑造品牌国际化的潮流地标形象

成都国际金融中心携手国际知名艺术家联合巨星及潮流领袖通过大熊猫艺术及慈善

图 2—44 成都国际金融中心的网友签到活动

公益项目，通过《周末画报》、《星岛日报》（香港）、《U MAGAZINE》（香港）以及NBC 新闻频道等多家传统媒体及网络媒体的报道，快速在本地树立了国际化的时尚形象，网络关注度迅速提升。通过城中之城，构筑了西部休闲娱乐的时尚新地标，现已成为最新旅游目的地。2013 年 12 月 5 日至 2014 年 1 月 28 日，成都国际金融中心官方微博粉丝从4 924增长至53 274，53 天内增长了 981%。

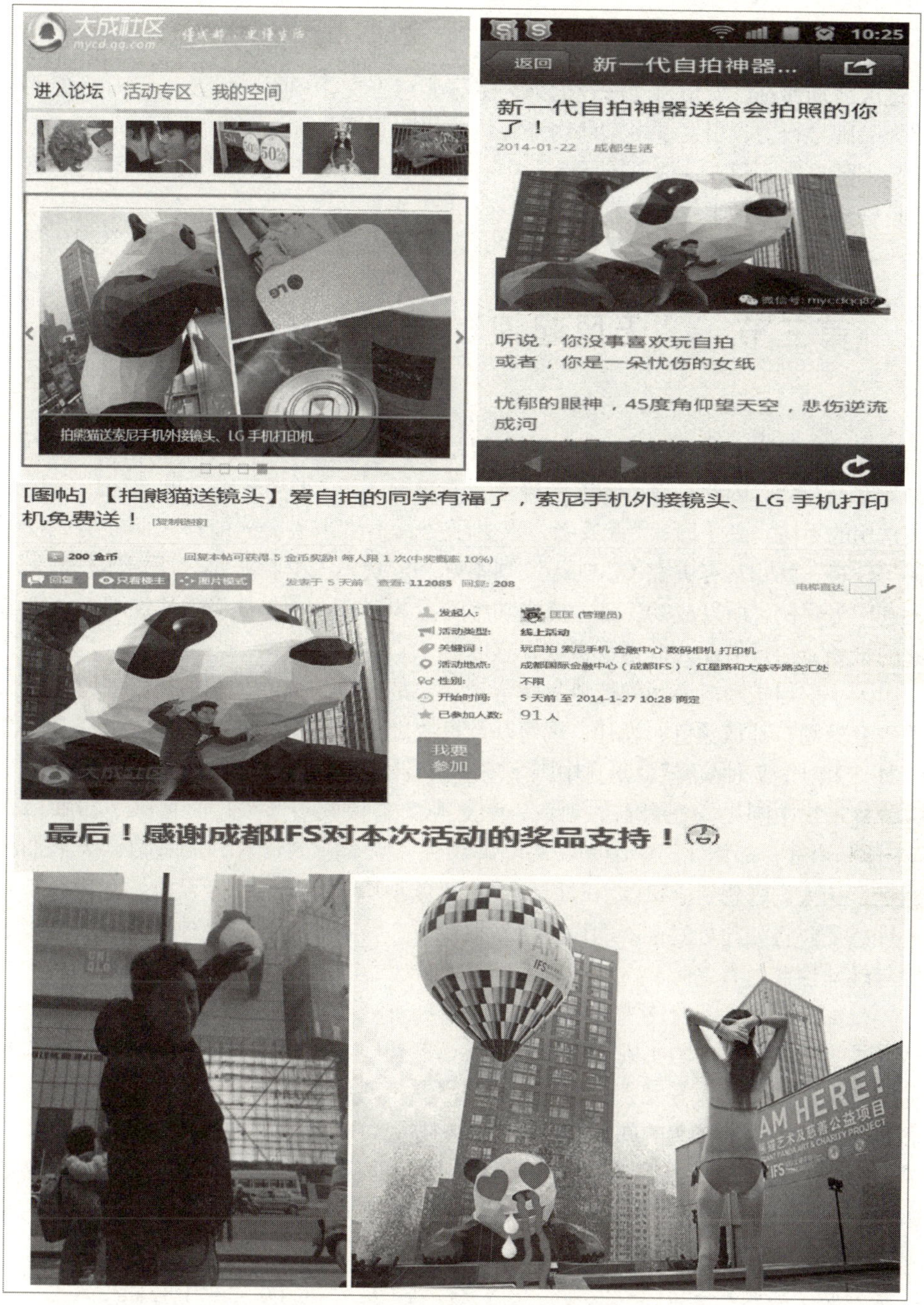

图 2—45　成都国际金融中心的自拍互动活动

（二）引导市民关注熊猫保育事业

利用多位名人、明星，通过绘制熊猫雕塑及展览、艺术与慈善相结合制造话题效应，引发多家线上及线下媒体进行报道，号召更多的人了解大熊猫，关注濒危动物熊猫的保育事业。

（三）助力城市形象快速提升

这次活动通过以城市符号——熊猫为主导的慈善文化项目，以及成都国际金融中心的强大品牌号召力，引发了多家海内外媒体的热烈报道，提升了成都的知名度，使城市形象与国际接轨。现在，成都国际金融中心已经成为本地市民的新地标，不仅是朋友相约的地标建筑，更是求婚的浪漫圣地。

第三节　“无风起浪”全媒体整合广告点评

借势广告需要等待时机，借势而为。但是时机不是常常都有，出现的时机也不见得与品牌完美契合。因此，在不能够借势营销的情况下，“无风起浪”的造势广告也是广告人常用的手法。孙子曰：“善战者，求之于势，不责于人，故能择人而任势。”那么，如何“任势”就非常有讲究了。如果策划不好，浪费了人财物是小，反招其恶是大。以上入选广告案例之所以成功，其主要成功经验无非两点，一是凭借爆炸性与趣味性兼而有之的策划，二是借助公益话题赚取好感度。

中国平安与香港海港城的造势品牌营销主要是靠策划取胜。无论是平安橙还是大黄鸭的创意策划，都从颜色、设计、规模以及投放地点等方面，一下子抓住了受众的注意力。“1 个橙子，7 种演绎”，足见中国平安的创意团队是多么匠心独运。7 种不同的平安橙，分别带出中国平安在公益、创新、专业等 7 个领域的形象；而且每一句独白式的“橙子体”语言，都体现出中国平安的品牌个性。大黄鸭的设计，更是融合了人们的童年回忆，让人们联想到小孩沐浴时所玩耍的黄色小鸭子，从而给人以愉快、美好与平和的心理感受。将如此可爱友善的设计精妙地投放在公众眼前，从设计上说，就做到了爆炸性与趣味性兼而有之。

不仅如此，为了配合传播需求，中国平安和香港海港城还采取了线上线下相结合的方式，扩大影响力。中国平安利用新浪微博话题及红人资源进行话题传播，并加入恶搞明星、电影、网络红人等元素，进一步扩散平安橙的病毒式传播。而海港城也会利用线上预告与宣传扩大大黄鸭的知名度，同时还举办大黄鸭创意照片比赛等互动活动，吸引消费者参加，从而加深品牌传播效果。这一综合性的媒体投放手段应用，使得话题的“爆炸性与趣味性”在更广的人群中传播，大大提升了广告覆盖率与影响力。在这个意义上，全媒体时代的技术可行性，使得线下形象设计广告营销的威力倍增。

另外两个案例——星巴克策划的“抬头行动”与成都国际金融中心倡导大熊猫慈善公益之所以成功，则是巧妙制造了公益话题，谋取了消费者的芳心。公益话题诚然是好，但是如何结合品牌才能双赢呢？星巴克选择了“抬头行动”，提醒人们放下手机，抬头与亲朋好友“面对面”沟通，享受身边事物。那么，放下手机之后，哪里才是最佳的沟通聊天地点呢？请到星巴克来吧！从而将星巴克这一“面对面沟通场所”的品牌形象传递出去。在当下社会，“放下手机，陪陪家人与朋友”是很多人心里的感受，这样一个公益活动触及人心，感染力极强。单单从选题的角度说，星巴克“抬头行动”的策划就非常成功。成都国际金融中心是一个城市新引入的项目，如何尽快融入城市文化以及打动当地消费者呢？成都国际金融中心项目选择了运作大熊猫艺术及慈善公益项目来完成品牌初印象。四川成都是大熊猫之乡，以可爱的熊猫作为创作元素，无疑能够迅速完成国际品牌的本地化过程，并在短时间内与成都市民建立起感情纽带。除了话题的巧妙选择之外，在全媒体时代更重要的是如何利用多元传播平台，扩大品牌宣传与影响力。星巴克项目选择了网络平台以及微博社交网络；成都国际金融中心则更加充分地使用了平面媒体、网络媒体与户外媒体，策划了多个主题的互动环节，让传播效果更加立体而深入。

第三章　全媒体整合广告策略三：相时而动

- 节日消费助推剂
- 电商造节也精彩
- “相时而动”全媒体整合广告点评

时机即商机。随着全媒体时代信息传播的广泛性与便捷性，相时而动的全媒体整合广告有着更加多样的选择与办法。

第一节　节日消费助推剂

时机即商机。节日消费更是不容错过的商机。根据国家统计局 2014 年不完全统计，节日消费是影响居民消费价格环比上升的主要因素。如何抓住节日进行时机整合营销，将产品节日化，并在短时间内成功引导、拉近与管理消费者，是节日营销的重点与难点。一般来说，有别于常规性营销活动，节假日营销往往呈现出集中性、突发性、反常性和规模性的特点，因此需要提前预热，并在节日当期发力，成功将目标消费者转化为实际消费者。在传统媒体时代，节日营销主要促销手段为通过报纸广告、直邮广告、宣传单等形式提前预热和宣传，并在与消费者最接近的卖场商厦展开最后一搏。

然而，随着全媒体时代信息传播的广泛性与便捷性，节日整合营销有着更加多样的选择与办法，譬如利用数字信息传播方式扩大节日前夕营销预热的范围与深度，利用新媒体互动技术帮助消费者提前感受节日产品等。图 3—1 利用微博指数反映了 2015 年 2 月—8 月关于“礼物”一词的热议度。从中可以看出，逢年过节之际都会出现“礼物”一词的高频讨论，其中热议度比较高的节日有情人节、春节、劳动节、母亲节、儿童节、端午节等。这一范围不仅是传统节日，还涉及西方各种节日。同时，微博节日“礼物”热门话题也提示我们，大可以利用新媒体整合顾客与品牌营销的关系，提高广告效果，助推节日消费。

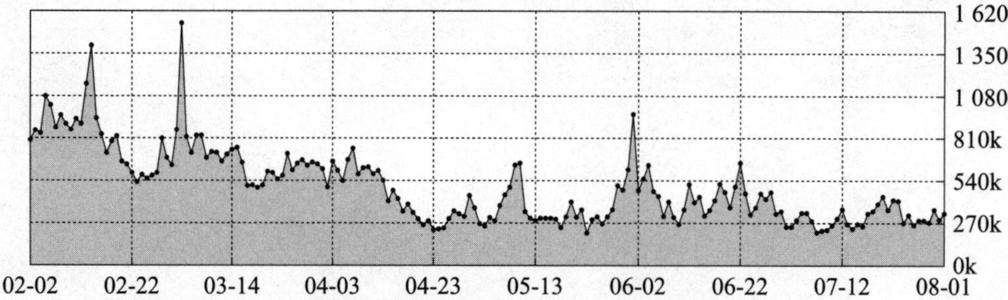

图 3—1　“礼物”一词微博热议指数

案例一：海尔调奶器母亲节广告活动

> 广告主（品牌）名称：海尔调奶器
> 案例策划、制作单位名称：氩氪集团
> 案例实施时间：2013 年 5 月 2 日—2013 年 5 月 21 日
> 中国第五届虎啸奖银奖作品

一、案例介绍

（一）实施背景

在新浪微博平台社会化环境声量中，调奶器产品的知晓度非常低，且海尔母婴调奶器以 799 元的售价，远高于普通同类产品如小白熊及其他竞品（一般产品售价 100～400 元）。品牌需要在如此环境中引发目标受众参与互动，从而关注并意识到调奶器产品的重要性，完成产品的有效传播和曝光，并尝试社会化数据再营销引导销量转换。

（二）广告目标

借助母亲节时机，以新浪微博为平台，创造及传播海尔母婴调奶器产品声量，吸引精准目标消费者深度互动完成产品教育，并进一步沟通尝试转换销售。

（三）创意核心

在母亲节来临之际，鼓动爸爸们加入调奶队伍，解决夜间调奶问题，帮妈妈们减轻负担，给母亲一份最好的母亲节礼物！

（四）传播策略

（1）反其道行之。针对新妈妈人群，从奶爸的角度切入，创造话题，引发新妈妈们对于爸爸们的自我测试和要求，互相完成互动口碑传播。不会测温，不会调奶？没问题！母亲节之际，海尔调奶器助你成为 100 分奶爸！为妈妈减轻负担！

（2）持续影响之。通过社会化数据再营销模型，收集传播期间参与互动的潜在客户群数据，积极跟进引导一对一实时沟通，尝试引导销售转换。

二、广告实施及表现

（一）第一阶段：奶爸，你合格了吗？（5. 2—5. 15）

Step 1（5. 2—5. 6）：官方微博每天发布漫画“奶爸十八招”，以各种趣味人物的喂奶囧招引起消费者对奶爸喂奶的兴趣和讨论。

图 3—2　海尔调奶器预热宣传“奶爸十八招”

Step 2（5.7—5.15）：微博 tab 页上线，在 tab 页上，鼓励用户上传自己的奶爸“十八招”照片并借机推广海尔调奶器的“100 分套餐”，促进销售转化。

图 3—3　海尔调奶器微博互动活动号召

具体微博的互动参与流程如下：

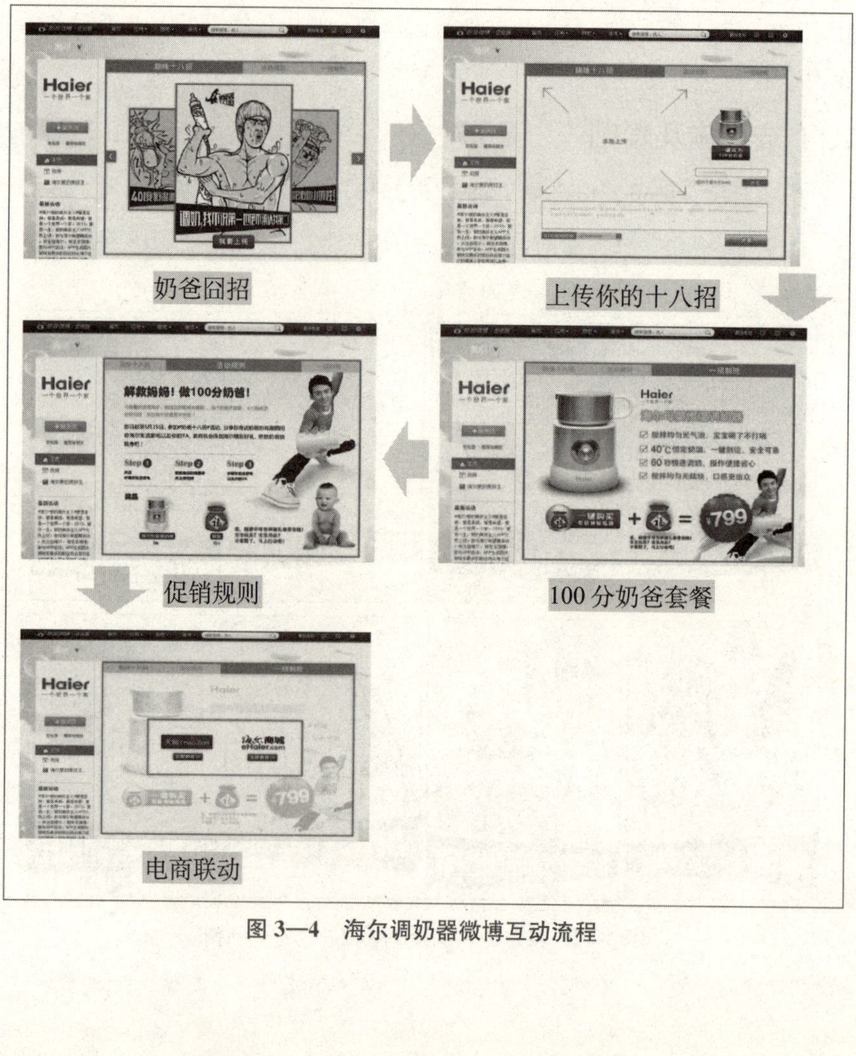

图 3—4　海尔调奶器微博互动流程

（二）第二阶段：只要有心，满分奶爸不难（5.16—5.21）

在第二阶段，主要介绍调奶喂奶知识，将爸爸们转化为消费者群体。主要口号为“奶爸秘籍！助你成就100分！”具体操作如下：

一是在微博tab页上，发布“奶爸秘籍”，将正确喂奶姿势、调奶方式、抱孩子、换尿布等知识点，以图片+文字的形式展示，让奶爸们学习。

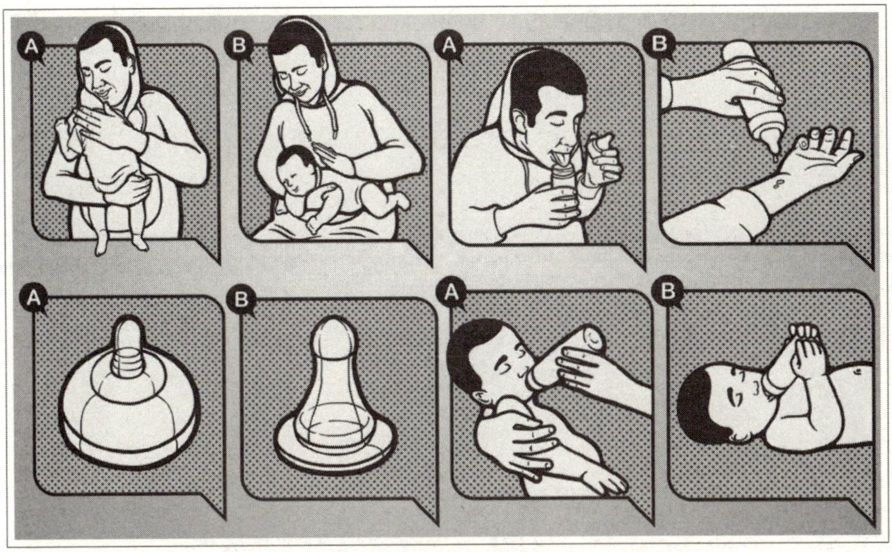

图3—5　海尔调奶器微博发布奶爸秘籍

二是通过测试与互动，引导消费。测试互动活动的名称是“测试你的TA，是否是100分奶爸”。活动主要以问卷的形式，结合奶爸秘籍，让TA一起来参与回答，根据结果成为60分奶爸、80分奶爸、100分奶爸，并将结果分享到微博，同时引导电商销售。

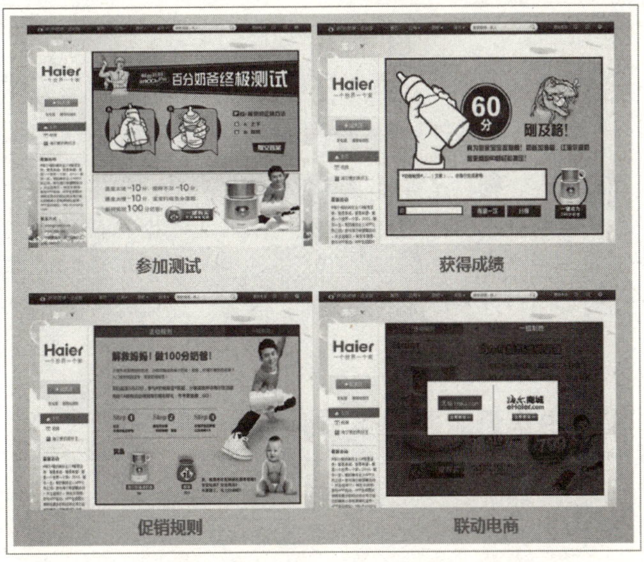

图3—6　海尔调奶器微博问卷测试与电商销售引导

三、广告效果说明

海尔调奶器结合微博平台，反其道而行之，以满分奶爸作为目标人群进行宣传营销，别出心裁，效果十分明显。

（1）活动传播两周时间内，总计完成话题传播曝光约 25 000 000 人次；

（2）4 945 人实际参与微博互动；

（3）抓取潜在目标客户群数据约 50 000 人，实现一对一精准沟通后进一步筛选了解购买意向人群 5 000 余人；

（4）活动期间，同比常规销量提升 80%，更促进了大型终端大宗购订货数笔。

值得一提的是，在本次互动中，策划方采用大数据抓取潜在用户，并进行一对一沟通，案例展示如下：

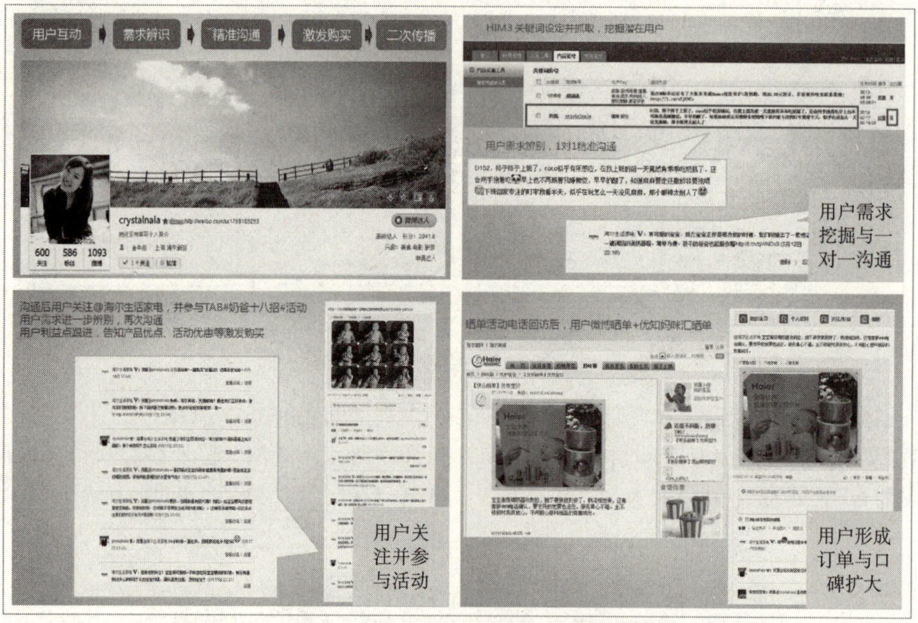

图 3—7　海尔调奶器一对一沟通案例

在以往的互动营销中，往往是等着用户主动参与互动，点击活动。在这一次海尔调奶器营销活动中，采取了主动出击的方式，利用微博大数据寻找潜在需求者，然后根据数据分析，制定沟通与推介方案，“一对一”出击。从效果来看，能够较高比例地将受众转化为微博活动的关注者以及产品的购买者，这为全媒体时代整合营销的发展提供了借鉴经验。

案例二：常州中华恐龙园万圣季视频群广告

广告主（品牌）名称：常州中华恐龙园
案例策划、制作单位名称：上海平成混媒营销管理有限公司
案例实施时间：2013 年 10 月 1 日—2013 年 11 月 1 日
中国第五届虎啸奖银奖作品

一、案例介绍

（一）实施背景

历年中国主题乐园秋季营销多以主打欢乐国庆节为主，在“万圣节”概念的活动推广中，也基本以恐怖、鬼屋、巡游、南瓜为主要宣传点。常州中华恐龙园凭借自己的独有资源“恐龙”元素，将“恐龙万圣季”的概念贯穿整个万圣季的推广。

（二）广告目标

利用消费者的视觉、听觉记忆，推广恐龙园万圣季吃喝玩乐泡享 high 一站式全程体验的概念，吸引更多消费者在万圣季前来园区体验游玩。长期目标是奠定中华恐龙园“中国万圣节顶级品牌”的地位。

（三）创意核心

以恐龙园万圣季视频群为传播核心，用视频手段去表现万圣季全园玩鬼的概念。通过“专业制作内容”、“同步传播内容”、“用户互动内容”这 3 类 10 余个视频，形成视觉、听觉的记忆，去推广恐龙园万圣季；同时利用四屏联动的传播平台，将核心视频迅速扩散，统筹打造一个覆盖全媒体的万圣节传播方案。

（四）传播策略

根据创意安排，围绕“专业制作内容”、“同步传播内容”、“用户互动内容”三大内容，在网络视频专区、园区大屏幕、自媒体以及户外媒体进行广泛传播，通过多屏联动，扩大常州中华恐龙园的知名度与影响力。

1. 打造线上万圣季最大视频专区

（1）统筹中华恐龙园万圣季所有资源，推出中华恐龙园恐龙万圣季线上视频专区，将优秀万圣季视频资源推广传播，成为全网最大的万圣季视频专区；

（2）推广手段包括：优酷、土豆、爆米花网、56 网视频等视频网站首页、最佳原创等推荐位，驴妈妈、同程网专题页面推荐，人人网视频置顶新鲜事，QQ 空间红人视频推广，腾讯微博智汇通，新浪微博粉丝通，微博、微信 KOL 推荐等，获得了低成本、多分享、高曝光的效果。

2. 园区屏幕整合，实现视频实时互动

（1）整合企业万圣季的所有园区推广资源，播放视频群内容，打造园区万圣节氛围；

（2）触发分享行为，形成园内园外的互动传播：游客通过扫描园内屏幕及平面的二维码并上传在园区游玩状态照片，院内大屏幕直接显示游客的游玩状态和鬼装，加深游玩体验。

3. 户外移动电视：重点市场的投放补点

在以江浙沪皖为核心的重点市场的移动电视平台投放《猛鬼百老汇》主视频，连续多天滚动播出，以内容吸引消费者产生来园游玩动机。

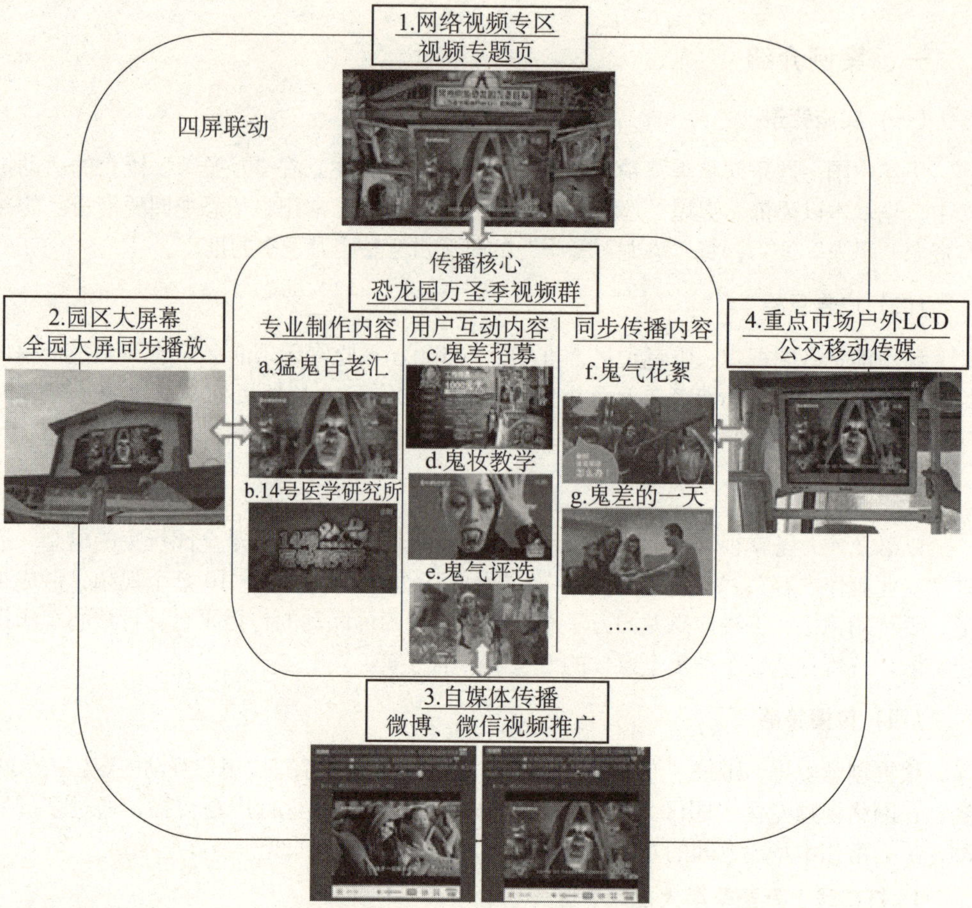

图 3—8 常州中华恐龙园的传播策略

4. 自媒体：内容深化，打造 PC 端与移动端热点

（1）配合视频的不间断播出，提前规划自媒体的发布节奏，利用万圣季视频的丰富素材，打造了多个微博热门话题："恐龙万圣季"、"最强鬼差招募"、"14 号医学研究所"等。

（2）同时结合视频内容，推出"最强鬼差招募"及"鬼气评选"等活动，保持微博话题的热度，取得了良好的传播效果。

二、广告效果及表现

（一）专业制作内容视频

1. 恐龙园万圣季形象篇《猛鬼百老汇》

借用网络神曲《成吉思汗》的传播力，以僵尸的角色、音调、调侃语句，种下网络传播的基因。以游园者的角色代入，在原有极其吸引眼球的恐怖"僵尸"基础上，加上一些黑色幽默笑点和搞怪舞蹈，为网络传播又增添了砝码。出人意料的结局，是全剧的高潮，让整个视频更加出彩。

图 3—9　常州中华恐龙园《猛鬼百老汇》视频制作

2. 恐龙园万圣季项目篇《14 号医学研究所》

《14 号医学研究所》作为中华恐龙园万圣季主打项目之一，特邀韩国造型团队进入园区实地制作鬼屋特效。为体现 14 号医学研究所发生的故事，视频采用纪录片的拍摄手法，通过一个节目主持人的亲临采访，引出一段关于研究所的恐怖故事。视频的最后悬念戛然而止，邀请网友前来园区，自行体验。

图 3—10　常州中华恐龙园《14 号医学研究所》视频制作

（二）用户互动内容视频

1. 互动活动 1："最强鬼差招募"

园区活动期间，在新浪微博、人人网等年轻人聚集的平台推出最强鬼差招募活动，利用日薪 1 000 元的传播点，邀请网友上传自己的鬼妆应聘鬼差。

图 3—11　常州中华恐龙园“最强鬼差招募”互动活动

2. 互动活动 2：“阿治老师教你化鬼妆”

作为线上传播内容的补充，抓取形象篇中重要的“鬼妆”这个元素，开展了“向老师学鬼装、给自己化鬼妆”的网络互动活动。

同时，邀请沪上知名美妆教主阿治老师为中华恐龙园万圣季打造 3 款特别的鬼妆。紧扣年轻白领爱玩鬼的特点，在万圣派对前期推广视频，掀起万圣鬼妆的潮流，引发网友互动。

图 3—12　常州中华恐龙园“阿治老师教你化鬼妆”互动活动

3. 互动活动 3：“鬼气评选”

恐龙园万圣季期间园区共计拥有 1 208 只鬼，园区挑选出最具代表性的 6 只鬼在新浪微博平台发起一轮投票活动，邀请网友评出心目中的最佳鬼。

图 3—13　常州中华恐龙园“鬼气评选”互动活动

（三）同步传播内容视频

（1）花絮篇《鬼那么爱吃》《鬼那么好玩》《鬼那么可爱》《鬼那么晕》《世界顶级鬼屋——14 号医学研究所》微电影拍摄花絮等 N 条花絮视频。

利用前期视频的拍摄过程记录，结合网友关心的话题，加工了数支视频短片，用恶搞、吐槽的口吻让鬼更真实、更好玩！

图 3—14　常州中华恐龙园微电影花絮视频

（2）园区同步报道视频《鬼差的一天》。

对应“最强鬼差招募”活动，同步记录通过应聘的网友来到园区做鬼差的工作情况，对鬼差在恐龙园的一天进行跟踪性、趣味性报道，增加网友对园区活动的参与感，引发大量关注和讨论，带动下一轮鬼差招募活动的参与度。

三、广告效果

(1) 万圣节已成为近几年全球主题公园的主打项目，本次常州恐龙园万圣季内容策划和视频表现将常州中华恐龙园万圣节打造成为东亚地区主题乐园中最好的万圣节，奠定了常州中华恐龙园万圣节顶级品牌的地位；

(2) 常州中华恐龙园本次万圣季视频群推广成为 2013 年最完整和最系统的万圣节传播方案，在中外数十个同时推广万圣节的主题公园中，常州中华恐龙园的万圣节营销推广影响力最大；

(3) 入园人数大幅度提升，国庆七天长假常州中华恐龙园入园人数达到 40 万；

(4) 视频《猛鬼百老汇》上线第一天，进入优酷“今日热门话题”第 8 名，单个视频累计播放量达 704 万次，视频群推广累计播放次数过千万；

(5) 随着万圣季视频群传播到位，常州中华恐龙园百度指数持续升温，10 月 31 日万圣节当天达到最高，是周边竞品园区的 5.34 倍。

第二节　电商造节也精彩

据不完全统计，我国城镇居民一年“拥有”100 多个节假日。尽管这样，对于商家来说，这样的时机依然不够，为了拉动消费，商家常常不遗余力制造节日，创造消费理由。随着网络购物的发展，由淘宝等电商打造的“双 11”购物节近些年来已经成为消费者广泛认可的消费节日，“双 11”当天网络抢购风潮一年高过一年。在“双 11”的促销中，买家越来越眼花缭乱、目不暇接，卖家则对着海量的订单管理捉襟见肘。如何在网络时代，打好整合营销之战呢？兴许，下面的广告案例能够为我们提供些许经验。

案例一：可瑞康“双 11”“最帅快递员上门”广告

广告主（品牌）名称：Karicare（可瑞康）
案例策划、制作单位名称：上海帖易文化传播有限公司
案例实施时间：2013 年 11 月 7 日— 2013 年 11 月 20 日
中国第五届虎啸奖银奖作品

一、案例介绍

（一）实施背景

Karicare 是全球母婴营养专家纽迪西亚旗下著名婴幼儿奶粉品牌，隶属于达能集团。起源于 1896 年，经过百余年发展，Karicare 现已成为新西兰和澳大利亚市场领导品牌，是当地妈妈们的首选品牌。2012 年 Karicare 进入中国，中文译名可瑞康，主要通过天猫

旗舰店等网络渠道销售，拥有不错的销售前景。2013 年 8 月，全球最大乳品出口商新西兰恒天然集团对外宣布，旗下部分产品可能含有肉毒杆菌，受污染的乳清蛋白可能被用于婴儿配方奶粉，随后 Karicare 在新西兰市场上预防性召回产品。8 月下旬，恒天然事件虽被证明是一起乌龙事件，但是仍然在短期内对 Karicare 的销量产生了影响，淘宝指数显示，8 月 Karicare 品牌的整体销量从奶粉品类第 1 名跌至第 6 名。

（二）广告目标

通过“双 11”活动，让消费者重拾对 Karicare 品牌的信任。

通过“双 11”活动，获得网友关注，聚集人气，让 Karicare 品牌销量回升。

（三）创意核心

中国妈妈们一直认为好环境才是好奶粉的基础，Karicare 品牌正是凭借其纯正新西兰奶源的高品质配方奶获得了消费者的青睐。而谈起纯净新西兰，给你留下了什么样的印象？蓝天、白云、绿草、奶牛，这还不够！还有来自新西兰的阳光黄金奇异果、纯净蜂蜜、自制酸奶粉、祝福鲜花……

只要“双 11”购买一箱 Karicare 奶粉，即有机会让一位原汁原味的新西兰籍帅哥带着这些新西兰风土人情，上门送到你家！

（四）传播策略

通过“史上最帅快递员”活动，打通“从线上到线下”的联通，让所有忠实消费者都有机会体验 Karicare 真情回馈活动。

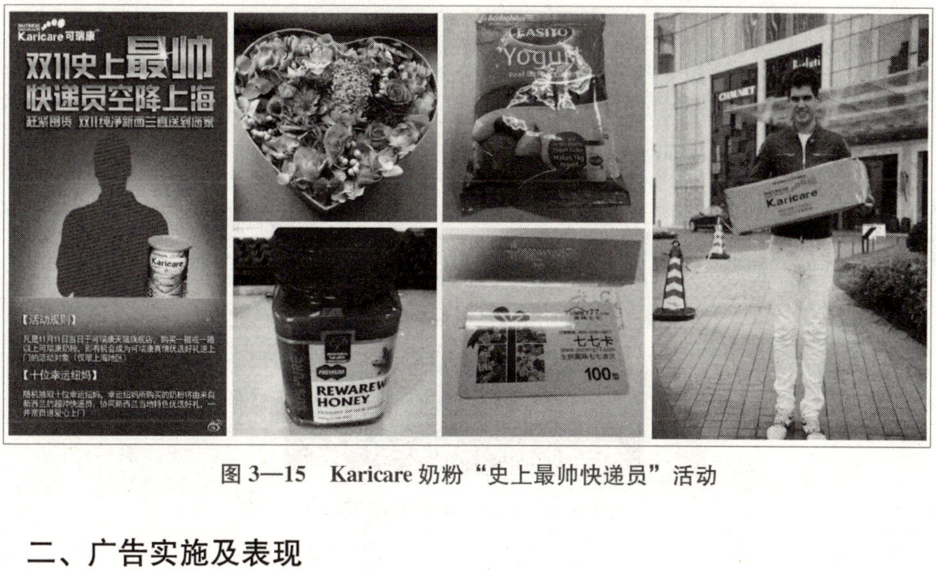

图 3—15 Karicare 奶粉“史上最帅快递员”活动

二、广告实施及表现

本次的活动主要有三个阶段：

（一）高调曝光：结合妈妈圈的备战“双 11”攻略，活动曝光，引发期待和关注

活动公告通过天猫旗舰店首发，微博、BBS、新闻负责二次传播，在妈妈圈中打造

备战“双 11”攻略，以纯正的新西兰优选好礼和品牌方的活动诚意为切入点，引发网友的好奇和讨论。

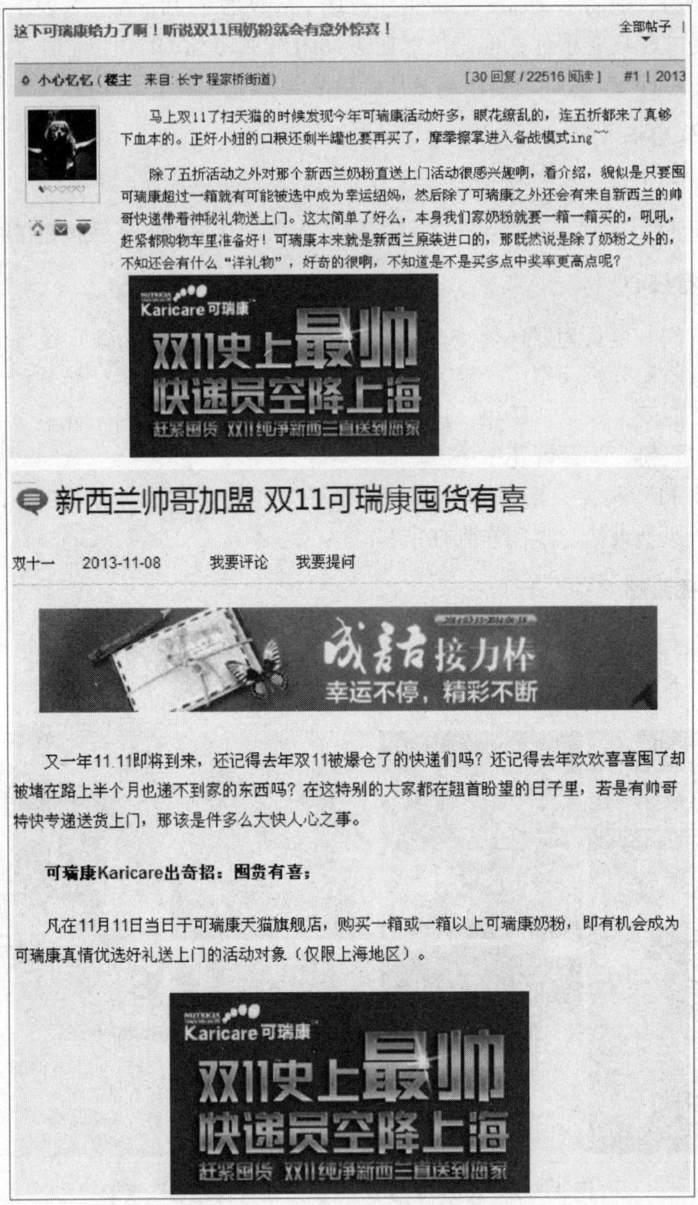

图 3—16 Karicare 奶粉提前造势

（二）集中造势：“双 11”当天邀请 KOL 集中造势传播

11 月 11 日当天，选择传播起来短、频、快的微博平台，邀请达人妈妈推荐 Karicare 的最帅快递员送新西兰优选好礼的活动，话题立刻在妈妈圈中一石激起千层浪，妈妈们纷纷表达“求 RP”、“求中奖”、“双 11 不想等慢递”等心声。

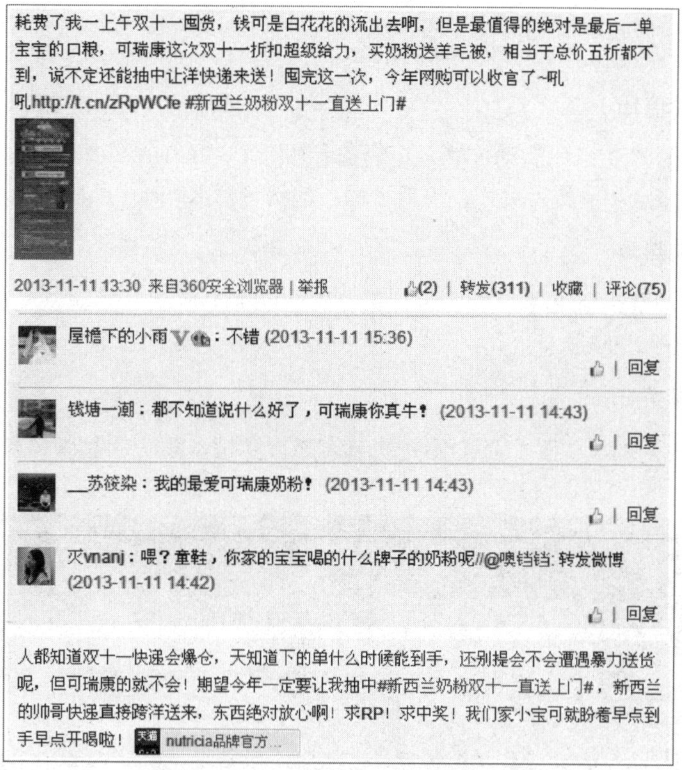

图 3—17　Karicare 奶粉 KOL 集中造势

（三）效果放大：活动收尾，内容素材的最大化整合与利用

品牌方最终兑现承诺：随机抽取 10 名幸运消费者获得新西兰帅哥将产品和礼物送货上门的待遇，在现场和真实的妈妈交流过程中也得知消费者对 Karicare 品牌的信任始终如一。官方微博对送货过程进行全程跟进报道，最大限度地体现品牌的诚意和关怀。同期投放的 PR 软文和话题也将这一活动的后续效果进行了二次传播和放大。

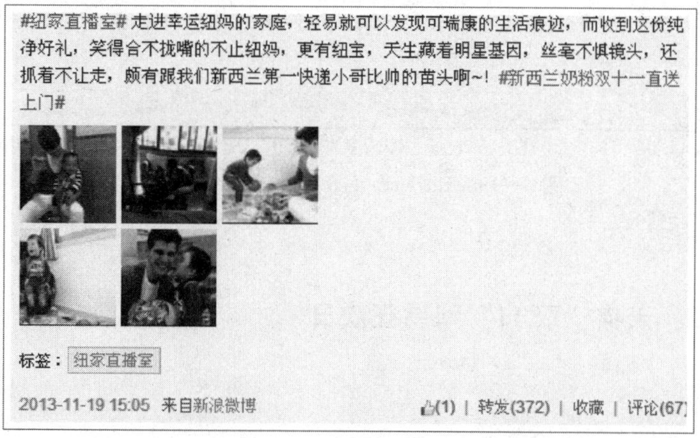

图 3—18　Karicare 奶粉外籍帅哥跨国送货活动

三、广告效果

（一）重拾信任

通过此次的“双 11”活动传播，让消费者加深了对 Karicare 品牌的印象。同时最大限度地体现了诚意和消费者关怀，重新唤回了消费者对 Karicare 品牌的信任。

（二）反响热烈

微博总互动量达到 45 000 次，覆盖量突破 30 000 000 人。活动总浏览数达 860 517 次，回复数达到 2 853 次。

（三）销量第一

Karicare 成为本次“双 11”购物狂欢节天猫母婴销量第一的品牌，当天累计销量突破 18 万罐。

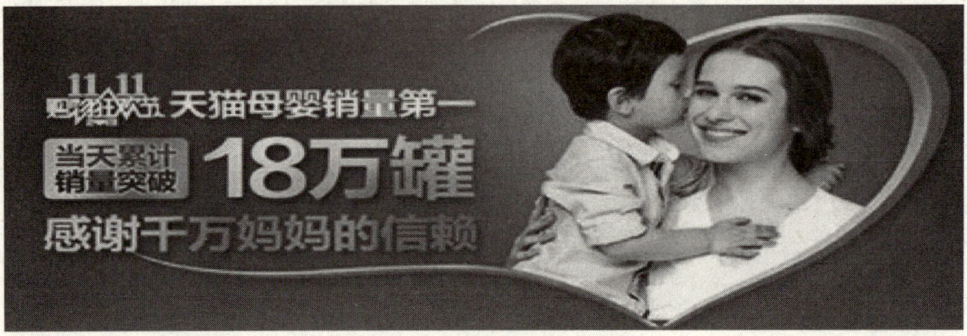

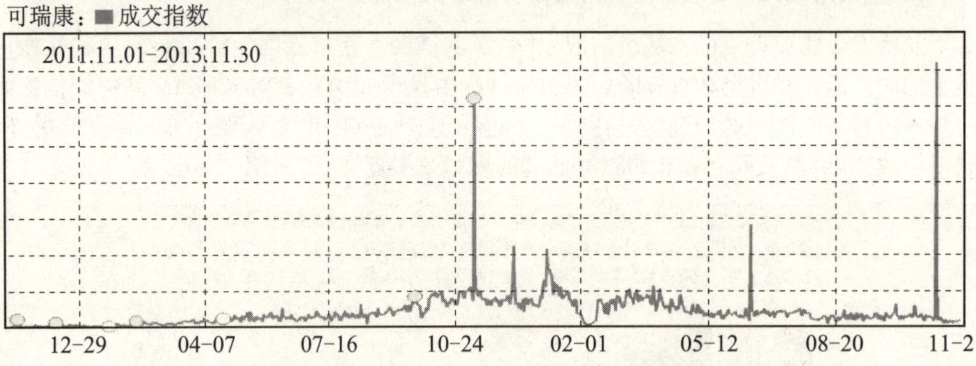

图 3—19 Karicare 奶粉“双 11”销售指数

案例二：天猫“双 11”网易狂欢日

广告主（品牌）名称：天猫商城
案例策划、制作单位名称：网易
案例实施时间：2013 年 10 月 25 日—2013 年 11 月 11 日
中国第五届虎啸奖银奖作品

一、案例介绍

（一）实施背景

“双 11”已经成为电商竞争的最大战役，这一天各大门户的首页成为电商品牌的必争之地，在如此激烈的电商战争中，天猫如何脱颖而出，在大曝光与价格战之外寻找更有效的吸引用户方式呢？

2013 年是天猫第三次“双 11”大战，网友们已经习惯了“双 11”的促销手段，热情与斗志都不再激昂。突破与创新就成为天猫 2013 年“双 11”大战的关键词。

（二）广告目标

10 月底—11 月 10 日，引发用户关注，提前锁定促销专场，订阅提醒邮件。

11 月 11 日当天，大量震撼曝光，实现全面告知和导流促销。

（三）创意核心

1. 提前锁定，有的放矢

“双 11”抢购时间紧、任务重，买什么是用户最为关注的问题。针对用户这一需求，策划方在网易邮箱俱乐部搭建“天猫双 11 购物攻略”，攻略中整理天猫“双 11”当天各大品类促销力度以及最优惠商品，使用户有所预判，可以提前锁定自己钟爱的商品及最优惠的卖场。

2. 定时提醒，不留遗憾

网友中意攻略中哪一个专区的活动，可以订阅提醒邮件，在“双 11”该品类专场促销开始前收到提醒邮件，不要错过抢购，同时推送最优惠产品。

3. 处处提醒，绝不落空

网易邮箱已经与网易各大移动产品进行关联整合，用户可在新闻客户端、云阅读、易信等平台查收提醒信息，无论何时何地，都不会错过。

4. 生动有趣又震撼，让用户不得不点

“双 11”当天，在网易首页为天猫定制跑酷流媒体创意广告，用户进入网易立即会看到一只可爱灵活的小猫上蹿下跳。用户可逐一触发底纹、对联、通栏、浮层广告，造型可爱、形式新颖的广告激发了用户点击的兴趣。

（四）传播策略

主要依托网络传播，利用网页信息、网易邮件订阅以及网易流媒体设计等方式，将网易用户一网打尽，扩大天猫“双 11”的点击率与影响力。

二、广告实施及表现

（一）第一阶段策略：分类订阅，提前锁定

基于拥有超高网购用户比例的网易邮箱用户俱乐部，搭建“双 11”购物攻略专题，

用户可利用网易邮件订阅不同品类的优惠促销信息，倒计时期待“双 11”到来。

在网易邮箱用户俱乐部搭建“5 折好货，提前曝光”活动站，分为 5 大类别（服饰、电器、家装、时尚、美妆）推送预告“双 11”的优惠产品和价格，用户可使用自己的网易邮箱订阅，随时获知相关品类优惠。

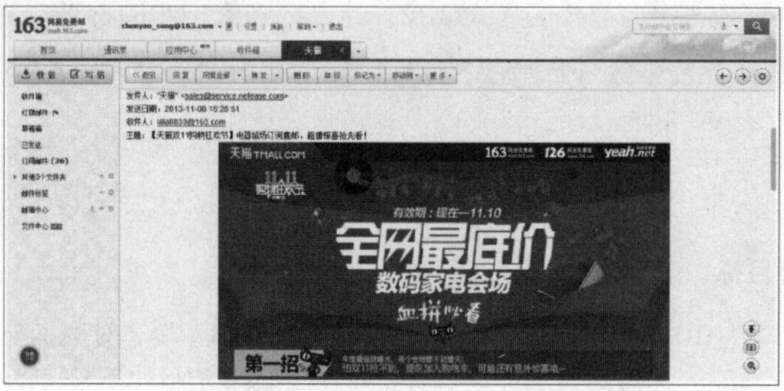

图 3—20　天猫“双 11”活动邮件订阅

（二）第二阶段策略：创新广告吸引眼球（500 万以上）

为天猫全网购物节定制首创，网易首页跑酷流媒体 + 网易邮箱登录页面底纹，在“双 11”当天以超强创意吸引眼球，导流用户。

第二阶段媒体实施：在“双 11”当天，联动网易首页对联、浮层、底纹三大广告位，以天猫小猫形象实现首页跑酷，以绚丽精彩的创新流媒体，凸显全网购物节的强大优惠。

图 3—21　天猫“双 11”网易首页跑酷流媒体设计

图 3—22　天猫“双 11”网易邮箱登录页底纹设计

三、广告效果

在天猫“双 11”网络促销活动的第一阶段，邮箱俱乐部购物攻略订阅数据如下：PV：8 830 413；UV：5 237 468；总订阅数：3 340 801。

第二阶段网易首页跑酷流媒体营销过程中，11 月 11 日 0 时至 24 时期间，点击数达到 377 万次，位列当天各门户首页广告形式之首！并且被网易科技频道、艾瑞、缔元信、广告门、第三种人、互动中国等多个行业媒体报道转载。

第三节　“相时而动”全媒体整合广告点评

机不可失，时不再来，说的正是“相时而动”的广告策略。从本章入选的案例来看，利用时机型全媒体整合广告不仅仅局限于把握传统节日的习惯做法，而且还扩展到创造网络节日的新手法。借助全媒体技术，广告的方式与策略变得更加丰富而巧妙，从预热到互动设计，再到最后的消费者转化，都体现了较高的创意水平和传播技巧。

对于海尔母婴调奶器而言，母亲节无疑是一个值得把握的节日。在这个节日里，将调奶器作为礼物送给母亲，会是一份非常体贴的礼物。问题是，送礼者应该是奶爸群体，而奶爸群体通常是不会注意到调奶器这种产品的。于是，要想实现母亲节送调奶器的广告创意目标，就必须提前预热，并对奶爸群体进行深度互动地产品教育。这一创意目标对广告传播策略的要求是，首先精准找出潜在的奶爸群体，然后采取持续的互动与教育，最后在节日期间使之转化为消费者。毫无疑问，针对这一广告策划特点，微博平台将是最好的广告传播媒体。特别值得一提的是，不同于普通互动，海尔调奶器广告策划者还利用微博大数据技术，抓取潜在用户进行一对一沟通，从而实现了较高的消费者转化率。

常州中华恐龙园与海尔调奶器不同，它的潜在消费者更加广阔。因此不同于海尔选用的精准投放与互动方式，常州中华恐龙园广告策划商运用的是多屏联动手段，扩大常州中华恐龙园的知名度与影响力。对于这一传播需求，全媒体技术无疑可以大放异彩。策划商使用了视频手段来表现万圣季恐龙园玩鬼的概念，通过 10 余个视频，利用网上视频、园区屏幕、户外移动电视以及自媒体等四屏联动的传播平台，形成消费者视觉、听觉的记忆，统筹打造了一个覆盖全媒体的常州中华恐龙园万圣节传播方案。

相对于中西方传统节日的把握，电商“造”节更加需要好的创意与周密的传播。Karicare 奶粉在“双 11”大战中，使用了出奇制胜的广告策略。因为当前社会上中国妈妈一直对国产奶粉的质量心存忧虑，相对信任国外奶粉，包括新西兰奶粉，却苦于信息不对称，又对奶粉销售的渠道与真假担心不已。为了赢得消费者信任，Karicare 奶粉广告策划商推出的创意是只要“双 11”购买一箱 Karicare 奶粉，即有机会让一位原汁原味的新西兰籍帅哥带着这些新西兰风土人情，上门送到你家！为了这个奇妙想法，广告策划商利用网络连续推出了三期传播内容：利用全媒体“高度曝光”，利用 KOL“集中造势”，最后兑现承诺，效果放大。从效果上看，Karicare 奶粉成为“双 11”购物狂欢节天猫母婴销量第一的品牌，当天累计销量突破 18 万罐，是一次非常成功的电商“造”节广告营销案例。

总体来说，全媒体传播技术为相时而动的广告策略实施提供了主动性与更大的操作空间，能够迅速而精准地寻找到潜在目标群体，对他们进行高强度的覆盖、教育，甚至可以通过互动的形式促进品牌学习与强化品牌意识。正是因为全媒体传播技术的优越性，相时而动的节日广告也逐步从节日营销扩大为“造”节营销，商家从被动迎合向主动出击大大地迈进了一步。

第四章　全媒体整合广告策略四：别出心裁

- 在游戏中体验产品优势
- 从多屏里领略品牌魅力
- “别出心裁”全媒体整合广告点评

通过对广告内容与形式别出心裁的设计，往往会有意想不到的收获。全媒体的发展，为广告内容与形式推陈出新奠定了技术基础。

第一节　在游戏中体验产品优势

以游戏互动的形式来投放广告，在游戏过程内置广告信息，是一种全新广告模式。尤其是随着新媒体技术的发展，游戏的操作范围被大大拓宽，网络游戏与手机游戏的花样不断创新，适合大众一起玩的小游戏被不断开发，这为以游戏为载体的广告发展提供了便利。游戏互动广告，可以通过对传播内容与形式的改变，提高趣味性与娱乐性，从而扩大品牌的认知度与产品的体验度。概括来说，游戏互动广告的优势有以下几点：一是一次设计，多次传播。一款设计经典的游戏经常会被受众反复玩耍，高度关注，而且还会被受众推荐给周围的朋友，在人与人之间传播。二是软性渗透，潜移默化影响。内置在游戏中的广告信息或品牌形象常常是作为游戏的内容或道具出现，并不会像硬广告那样，强行挤占受众注意力。设计合理的游戏广告往往会让受众主动去了解、感知，在潜移默化之中认识品牌或产品，并接受与欣赏之。

那么，全媒体时代游戏互动广告又会有哪些创新呢？且看 2013 年的优秀广告案例。

案例一：多乐士游戏互动整合广告

广告主（品牌）名称：阿克苏诺贝尔太古漆油（上海）有限公司
案例策划、制作单位名称：琥珀传播 Amber Communications
案例实施时间：2013 年 6 月 5 日—2013 年 7 月 31 日
中国第五届虎啸奖金奖作品

一、案例介绍

（一）实施背景

日益繁忙的工作、生活，让现代家庭游走在焦虑与压力的边缘。上班侃侃而谈，应酬交际八面玲珑。回家疲惫不堪，一言不发，如同香港漏气大黄鸭瘫倒在沙发上。

最新调查显示，超过 83.1%的受访者认为自己患有“下班沉默症”，魔都（上海）、帝都（北京）和妖都（广州）幸运摘得“下班沉默症”高发城市前 3 名！而设计师、传媒工作者、程序员、教师和医生更是成为最易得“下班沉默症”的职业！中国的现代家庭，正在饱受“下班沉默症”的困扰！下班沉默拉远了家庭成员间的距离；随着时间的推移，家庭空间变得黯淡乏味。

对于多乐士而言，油漆是一个低关注度的行业，中国家庭更习惯使用白色，拉近家庭关系也很少有人会首先想到用色彩焕新。本次活动的挑战是让消费者，特别是家庭消费群体在重要时刻都可以利用色彩焕新，拉近家庭成员间的关系。

（二）广告目标

传播多乐士品牌形象，让人们了解、理解和接受多乐士。根据此次活动的特点和业界普遍规范，策划方为活动设计了具体 KPI 指标：活动网站的 Visits 要达到 290 万次，PV 要达到 720 万，UV 要达到 87 万，分享微博数量不低于 29 万条。

（三）创意核心

基于“Adding Colour to People's Lives”的品牌理念，策划方为“多乐士”引入了焕新色彩加强家庭关系的概念。让多乐士用色彩改变生活；让人人都可以体验色彩焕新，刷掉下班沉默，刷掉平淡乏味，让你我在一起、心更近。

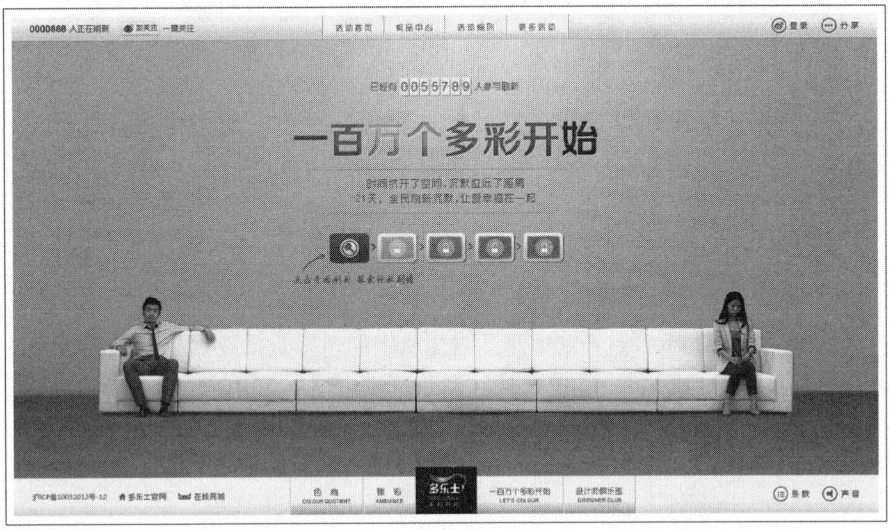

图 4—1　多乐士“一百万个多彩开始”创意理念

（四）传播策略

一是利用在线色彩互动剧，让受众参与到剧情之中，趣味性地演绎品牌理念；二是以积分奖励的方式，激励受众反复参加游戏，在获取快乐的同时，接受与认可品牌理念。

二、广告实施及表现

（一）在线家庭病毒视频传播

策划方在“let's colour”网站安排了一个在线家庭，出演中国首部在线色彩互动剧。他们在生活中会遇到各种各样的单调乏味，引起参与者共鸣。随着参与者的增加，沙发上两个主人公之间的距离越来越远，生活的空间也越来越黯淡。幸福的家庭，被时间黯淡了空间，让沉默拉远了距离。

当两个主人公的故事疯传于网络时，在上海淮海路的繁华商圈上演了中国首部街头色彩舞台剧，两个被“下班沉默症”困扰的年轻人，被隐藏的色彩人拯救。将色彩的焕新力量通过戏剧形式呈现给观众，激发了无数围观者的在线话题传播，在病毒事件和视频的助推下，在线家庭得到了许多关注。

图 4—2　多乐士在线色彩互动剧“蓝色篇”

（二）在线家庭游戏互动传播

正式活动网站的上线，使大家体验到更加精彩的色彩互动剧。受众可以登录活动网站，用鼠标或手机微信扫描二维码，通过动作感应技术，随时随地与在线家庭同步刷新，体验神奇的“隔空刷墙”。用一种颜色刷掉一种乏味，刷出精彩剧情，开启新关卡。参与者可以用蓝色、绿色、紫色、黄色和红色给两个主人公带来沉静、生机、灵感、活力和浪漫的改变。随着不断涂刷，在线家庭的单调乏味不断减少，生活空间变得多彩，两人间的距离也越来越近。

图 4—3　多乐士在线色彩互动剧“红色篇”

参与者刷得越快越多，还可获得更多涂刷面积积分，通过积分便有机会兑换真实家易涂服务面积，为生活带来真实的色彩改变。

在刷新过程中，还可以邀请好友一起来刷新，分享涂刷乐趣，共享积分，这很快成为一股多乐士时尚焕新潮流。在焕新中增进彼此的亲密度，分享涂刷成果，在微博进行 PK。还有很多热心网友刷出的趣味图案，成为神奇的 UGC，其带来的二次传播效应吸引了更多参与者。

图 4—4　多乐士在线色彩游戏一起刷

三、广告效果

在 8 周时间里，活动网站访问超过 390 万人次，新浪微博分享超过 20 万条，社交媒体影响达 3.6 亿人次。超过 30 家电视、平面和网络媒体纷纷报道，创造了超过 890 万的媒体价值。

通过定量的调研和相关的数据反馈得知：活动设计 KPI 指标 PV、Visits、UV 和 Weibo Sharing 指标全部达到或超过预期。

表 4—1　各指标广告效果

序号	项目	预期目标	最终结果	对比预期
1	活动网站 PV	7 264 500	9 554 468	132%
2	活动网站 Visits	2 905 800	7 640 841	263%
3	活动网站 UV	871 740	3 975 154	274%
4	Weibo Sharing	290 580	299 363	129%

案例二：雪花啤酒翻越喜马拉雅游戏互动广告

广告主（品牌）名称：雪花啤酒
案例策划、制作单位名称：汉威士媒体集团
案例实施时间：2013 年 7 月 1 日—2013 年 8 月 30 日
中国第五届虎啸奖金奖作品

一、案例介绍

（一）实施背景

从 2002 年开始，中国成为全世界最大的啤酒市场，同样也是竞争最激烈的全球市场之一。中国啤酒总消费量全世界最高，全国的啤酒类品牌超过 30 个，居于行业前三位的是雪花啤酒、青岛啤酒和燕京啤酒，它们占据了中国啤酒市场份额的二分之一，但是啤酒类的领导品牌并未实现大规模盈利。对于国内啤酒的领导品牌而言，它们定的单价和利润都非常低，因此，如何巩固市场份额、提高利润成为一个越来越重要的问题（来源：SABMiller 2013 年年度报告）。

根据 Euromonitor International 的数据，2012 年，雪花啤酒占据中国市场份额的 21.7%，位居第一。青岛啤酒和燕京啤酒紧随其后，市场份额分别为 15.7%和 11.7%。为了争夺市场份额，大多数啤酒品牌都会通过运动、娱乐或音乐来吸引消费者。雪花啤酒在品牌营销方面更加别出心裁，已经连续九年举办了“勇闯天涯”活动，致力于与消费者建立起情感联系，深度交流雪花啤酒的品牌精神，提升品牌形象。

（二）广告目标

2013 年 7 月，雪花“勇闯天涯·翻越喜马拉雅”活动正式启动，此次活动的广告目标是：

（1）激发每个人心底的勇闯精神，引爆大众的勇闯热情；

（2）通过互联网，多渠道最大化曝光活动并扩大活动影响力；

（3）整合勇闯线下活动和线上创意表现及互动手法，与消费者深度互动沟通雪花啤酒“进取、挑战、创新”的品牌理念；

（4）进一步提升雪花啤酒的品牌知名度和美誉度。

（三）创意核心

通过虚拟游戏，将雪花啤酒“勇闯天涯·翻越喜马拉雅”的活动精神传递出去。华润雪花啤酒“勇闯天涯”活动已经成功举办了八届，从 2005 年第一届探索雅鲁藏布大峡谷到 2012 年第八届冲破雪线，每一次都成功挑战自我极限，在参与者的生命轨迹中留下浓墨重彩的一笔。2013 年，华润雪花啤酒所组建的“勇闯天涯”队伍将翻越喜马拉雅山，行走在地球上距离太阳最近的阳光地带，穿行于世界上最丰富多彩的山地生命世界。在体验这个地球上最完整的生态特征和丰富人文风情的征程中，每一位勇者也将面临最严峻的气候和体能考验。

（四）传播策略

为了最大限度激发目标受众的勇闯精神并在现实生活中突破条件限制提供实现挑战自我的机会，策划方选择互动微电影作为活动的重要载体。

2013 年 7 月雪花“勇闯天涯·翻越喜马拉雅”活动网站正式上线，新的网站在秉承互动性、网络虚拟挑战平台等特性的同时，采用了互动微电影这一全新形式，在带给用户全新感官冲击的同时，挖掘并回应用户渴望突破平凡生活、挑战自我的深层心理需求。

二、广告实施及表现

虚拟体验全程分为以下几个阶段：

（一）社会化媒体大数据挖掘你的勇闯基因

官网推出趣味勇闯 DNA 测试，新浪、腾讯媒体专题采用大数据挖掘技术，通过抓取高频关键词来判定用户勇闯基因类型，并推送对应类型的定制游戏。

图 4—5　雪花啤酒根据大数据推送定制游戏

（二）角色扮演互动微电影

雪花啤酒贴合用户体验打造了全方位个性化虚拟体验平台，互动微电影以第一人称增强代入感，结合用户勇闯基因类型匹配情节与互动游戏，带领用户足不出户体验勇闯之旅！

图 4—6　雪花啤酒推出互动微电影

（三）好友互动勇闯精神大比拼

互动微电影在情节中有机整合社会化媒体，媒体专题则号召大众“发现好友的勇闯基因”形成二次传播，鼓励好友间进行勇闯精神大比拼，一起发现勇闯的自我！

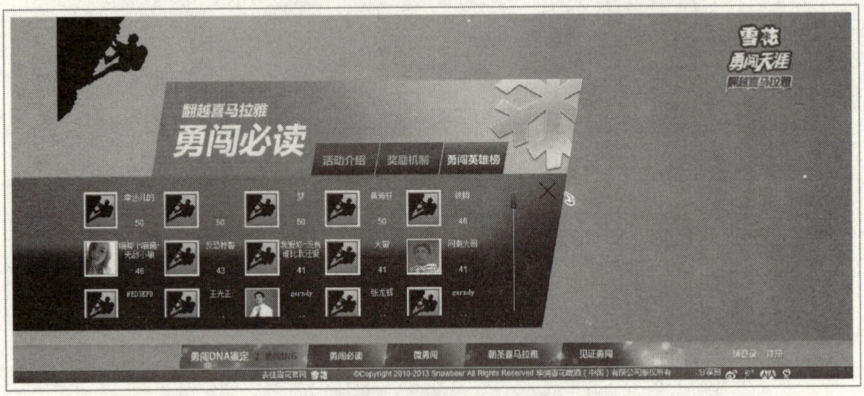

图4—7　雪花啤酒号召好友互动比赛

（四）双屏互动强化体验

腾讯媒体专题发挥资源优势，有机整合电脑和手机，在游戏的过程中采用新颖的双屏互动形式强化体验。

图4—8　雪花啤酒双屏互动游戏

（五）传播勇闯正能量

完成全部挑战的用户独享发布勇闯宣言的机会，还可在腾讯媒体专题通过微信进行语音留言。成千上万条激励人心的勇闯宣言再次印证了此次活动的深远影响力，并为这个略显浮躁的社会环境注入了一股清新坚韧的正能量。

为了覆盖多样化人群、扩大活动影响力，雪花“勇闯天涯·翻越喜马拉雅”活动同时在新浪、腾讯、网易搭建了媒体分战场。新浪媒体专题通过大数据云技术抓取高频关

图 4—9　雪花啤酒翻越喜马拉雅活动微信传播

键词判定用户勇闯基因类型并定制游戏；腾讯媒体专题采用新颖好玩的电脑、手机双屏互动技术，网易在诸多热门 APP 如有道辞典、163 邮箱客户端等植入具有较强可读性、趣味性的软性资源，以潜移默化的方式宣传勇闯精神。

三、广告效果

无论网站上的参与度还是社交媒体上的参与度，2013 年的活动都是雪花历史上最成功的活动之一。全新的内在理念与更多网民产生了前所未有的共鸣。此次活动在新浪和腾讯上的浏览量达到 1 775 万人次，超过预期目标 1 680 万人次（来源：公司调查）。而访问人次达到了 1 037 万，超过预期目标 830 万的 25%。在参与程度方面，平均一个访问者每打开一次网站都会花 1 分 27 秒的时间，打开 2.5 个页面。最后，一共 296 万人参与了新浪和腾讯上激发个人勇气的游戏。这几乎是原来目标——147 万人的两倍（来源：公司调查），并超过了去年的 264 万人。

雪花啤酒迷你官方网站的网页浏览量和访问人数均超过了初定的 KPI，也都超过了 2012 年的数据。在 2013 年 7 月 1 日到 8 月 30 日，也就是活动期间，官方网站的浏览量达到了 320 万人次，访问人数达到了 126 万人次，分别比初定 KPI 增加了 85%和 81%。总共有 219 368 人参与了官网的游戏，比 2012 年的 171 481 人增加了 28%（来源：公司

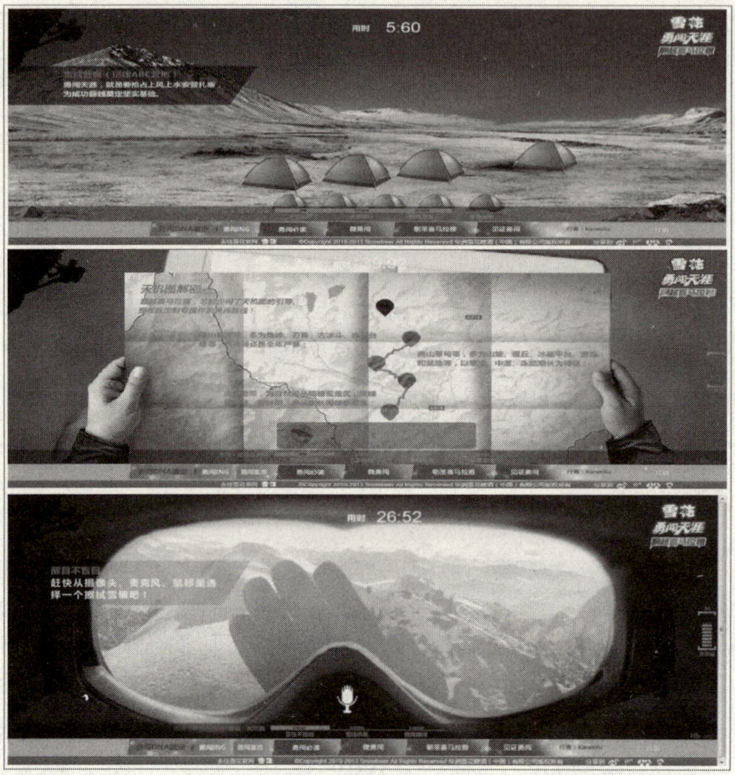

图 4—10 雪花啤酒翻越喜马拉雅活动广泛宣传

网站监测）。

雪花啤酒在腾讯和新浪的官方微博上的粉丝数都增加了 290 万，这个数字是目标 KPI（43 万新增粉丝数）的 7 倍（来源：公司调查），也远远超过了 2012 年 87 万粉丝的增长量。鉴于此次活动的目标就是增加消费者的品牌认同感，这个新增粉丝的数据显得尤为重要，它表明了更多的主流消费者，而不只是一小群热爱户外冒险的年轻人，对雪花品牌产生了认同。2013 雪花“勇闯天涯”活动，再次激活了大众心底的勇闯精神，为充满挑战的人生征程注入了勇闯正能量！

第二节 从多屏里领略品牌魅力

在全媒体时代，多屏互动广告是最潮的广告策略。利用网络技术与数字技术，打造一个最契合受众心理，最方便受众使用的信息生态圈，并以此为载体，实现品牌或产品信息的立体化渗透，是全媒体时代广告发展的必然趋势。从技术上看，目前多屏互动主要包含互联网、移动互联网（手机 APP、WAP 终端）、智能电视，以及户外智能屏等。通过数字技术，将传播内容输送到不同的 DSP（广告投放平台）上，最后投放到各个移动屏、电脑屏、智能电视屏以及户外智能 LED 屏中去，从而让受众置身于一个立体化的信息环绕环境。这一新技术的出现，不但使广告的受众体验更加新鲜，而且扩大了信息的传达范围，增加了信息的接受频次，从而强化了受众对品牌或产品的印象。更重要的是，新技术改变了传统广告的大众传播方式，让精准投放成为可能。通过大数据，广告商可以找出目标受众，并对这些人群展开多屏互动传播，大大提高了传播效果。

案例一：宝马 MINI 四屏联动广告

广告主（品牌）名称：宝马 MINI
案例策划、制作单位名称：乐视网
案例实施时间：2013 年 6 月—2013 年 12 月
中国第五届虎啸奖金奖作品

一、案例介绍

（一）实施背景

宝马 MINI，风靡全球、个性十足的汽车品牌，它创造了微型车与众不同的汽车文化。2013 年，作为汽车风格文化的先驱，宝马 MINI 推出了全新的品牌口号“Not Normal”。而宝马 MINI 的跨界概念 SUV 车型“MINI PACEMAN”也正式登陆中国市场。

“MINI PACEMAN”保留了宝马 MINI 品牌最令人熟悉的特征：都市感十足并且小巧灵活。同时，作为一款 SUV 车型，它也充满了运动化的气息。但是，有 COUNTRYMAN 珠玉在前，如何让 PACEMAN 焕发出耀眼的光彩？怎样俘获大批拥趸？如何在宝马 MINI 已经成功打造的诸多经典中再树高峰？如何实现宝马 MINI 的自我超越？

为推广 PACEMAN，宝马 MINI 投入百万巨资，精心拍摄了《PACEMAN 城市微旅行》这部 32 分钟的纪录短片，邀请北京作家冯唐、上海《外滩画报》编辑文林、杭州“绿茶餐厅”创始人路妍三位与 PACEMAN 气质相契的“步调引领者”加盟，三人分别驾驶 PACEMAN 在各自的城市展开了一段充满故事的微旅行。纪录片一经推出便大受欢迎。

但宝马 MINI 想做的不止于此。它希望能够突破单一的纪录片传播模式，寻找更有创意的推广载体和推广手段，面向都市中那些富有探究精神、乐于尝试新鲜创意、用心发现并体味生活之美的品质人群，真正将 PACEMAN，将 MINI“Not Normal”的品牌理念和独特个性植入他们的内心，实现差异化传播。

（二）广告目标

具体来说，本次广告运作的目标如下：

（1）寻找与 MINI PACEMAN 品牌调性最为契合的传播平台；

（2）寻找目标人群集中关注的传播媒介；

（3）寻找集视频传播与品牌曝光于一身的传播方式，充分利用《PACEMAN 城市微旅行》纪录片进行情感营销；

（4）深度传递 PACEMAN 的品牌理念，最大限度地唤起受众在人生情感和价值观念上的共鸣，俘获 MINI 拥趸对新品 PACEMAN 的好感并迅速打动潜在受众；

(5) 在品牌充分曝光和获得目标受众高度认同的基础上，进一步达到拉动销量的目的。

(三) 创意核心

让乐视 TV · 超级电视的受众看到 MINI PACEMAN，了解 MINI PACEMAN，喜欢 MINI PACEMAN，把它列入购车考虑名单中。这一创意具有以下特点：

一是品牌内涵完美契合：MINI 强调"Not Normal"品牌精神，视创新和特立独行为常态。而乐视 TV · 超级电视是互联网公司跨界创新最为典型的产物。两个以打破传统为特色的品牌，一拍即合。

二是目标受众高度匹配：创新、风格、行动力、好奇心、积极、热情、高调、拉风、意见领袖、品质生活……这是 MINI 的受众标签。而乐视 TV · 超级电视的首批用户，也恰恰具备了以上所有特质。

三是情感软营销 + 硬广曝光：MINI PACEMAN 巧妙地依托乐视互联网视频媒体属性，以硬广告吸引用户关注，结合口碑颇佳的纪录短片《PACEMAN 城市微旅行》，用镜头语言让品牌情动人心。

(四) 传播策略

以宝马 MINI《PACEMAN 城市微旅行》纪录短片为传播灵魂，搭乘乐视 TV · 超级电视问世的热点事件，筹划一场四屏联动广告精准投放的盛宴。这是全球首个"四屏联动"营销案例，创多项"第一"，具有划时代意义：全球第一个真正意义上的"四屏联动"营销案例；全球第一个真正意义上的跨四屏广告；全球第一个超级电视媒介投放平台；全球第一个互联网智能电视广告；全球第一个智能大屏 APP 商业应用。

二、广告实施及表现

(一)《PACEMAN 城市微旅行》，发现微小之美

这部只有 32 分钟的纪录短片，是宝马 MINI 此次传播活动的灵魂。没有浓厚的商业味道，没有刻意的 LOGO 长时间大特写加画外音，没有对 PACEMAN 性能的狂轰滥炸，整部片子里面，PACEMAN 只是默默地陪着三位主角，在北京银装素裹的豆角胡同闪转腾挪，在杭州灵隐山浓翠的竹林中静静穿行，在上海外白渡桥和乌鲁木齐路如风驶过，用他们的眼睛和语言，纪录下近在咫尺却未曾被发现的生活之美。恍惚之间，观众似乎觉得，只有和 MINI PACEMAN 相伴，我们的旅行才有意义。

(二) 乐视 TV · 超级电视，核心广告只为宝马 MINI

乐视 TV · 超级电视开机广告，最具有震撼性和印象值的广告位，1 080P 高清全屏大图，配合乐视 TV · 超级电视的强劲配置，带来非同寻常的观看体验，绝非一般视频广告所能比拟。配合首页焦点图等其他核心广告位的连续曝光，精准抓住宝马 MINI 目标受众，一击即中。

图 4—11　宝马 MINI PACEMAN 城市微旅行

图 4—12　宝马 MINI 超级电视开机广告

（三）四屏联动，无缝覆盖广泛受众

除超级电视之外，乐视依托“平台 + 内容 + 终端 + 应用”的生态布局，为宝马 MINI 展开覆盖 PC、Pad 和 Phone 等多终端的四屏联动推广。不同终端的多样广告形式，

在曝光量、互动性、精准度和用户覆盖范围上实现互补，无缝覆盖大范围受众的碎片化时间，使品牌与产品信息尽可能获得海量曝光，也为 MINI PACEMAN 的线下活动提供更有价值的互动平台。

图 4—13　宝马 MINI 四屏联动

（四）产品设计为宝马 MINI 量身订制

为进一步吸引宝马 MINI 受众的关注，乐视在产品设计上更是独运匠心。为真正体现“量身订制”的合作理念，乐视为宝马 MINI 打造了与 MINI PACEMAN 车型一致的遥控器、包含宝马 MINI 元素的超级电视底座、宝马 MINI 风格的主题界面、loading 画面等，全方位展现品牌元素。

（五）乐视 TV · 超级电视 APP 植入

宝马 MINI 为 PACEMAN 专门设计了“城市微旅行”APP，并加入到乐视 TV · 超级电视的应用市场中。在开机大屏广告的视觉冲击之后，为用户带来更震撼的视听体验，更丰富的互动设计，刺激并引导用户主动寻求相关信息，使品牌理念与内涵更生动地得到传递，进一步拉近产品与受众之间的距离。

图 4—14　宝马 MINI“城市微旅行”APP 植入

（六）强势品牌联手，终端推广 1+1>2

宝马 MINI 在乐视进行四屏联动推广的同时，也在自有的销售终端展开吸引力营销。譬如，乐视 TV · 超级电视进驻宝马 MINI 展厅，让消费者亲身体验。通过买 MINI PACEMAN 送定制乐视盒子 C1S 或者超级电视服务年费等促销手段，强势品牌联手，延展终端的传播周期和覆盖范围。

三、广告效果

根据乐视 TV · 超级电视开机率、覆盖用户数量及开机频次等数据反馈信息，截至 2013 年 7 月中旬的效果数据如下：

（1）宝马 MINI 广告 PV：3 256 万。

（2）宝马 MINI《PACEMAN 城市微旅行》播放 22 504 010 次。

（3）乐视 TV · 超级电视 MINI 开机广告到达率达 100%。

（4）根据市场调研反馈，在本次传播过程中，用户对宝马 MINI PACEMAN 新车型的认知度明显提升了 15%左右，有七成左右的消费者表示了明确的购买意向。

（5）名人效应带来的口碑传播。王菲、李响、李晨、何炅、李维嘉、李小璐等演艺界明星，以及微博名人“作业本”等纷纷在微博上晒照片秀自己的乐视 TV · 超级电视，无异于为乐视 TV · 超级电视做了极好的名人口碑传播营销，从而让开机大屏广告中的宝马 MINI 也搭载乐视 TV · 超级电视的顺风车，赚足眼球。

案例二：英菲尼迪“启释录”万人盛典四屏直播

> 广告主（品牌）名称：英菲尼迪
> 案例策划、制作单位名称：乐视网
> 案例实施时间：2014 年 1 月
> 中国第五届虎啸奖金奖作品

一、案例介绍

（一）实施背景

1. 全新品牌概念，英菲尼迪策划万人盛典

2013 年 8 月末，英菲尼迪中国总经理戴雷宣布，英菲尼迪进入全新“Q 纪元”，全面梳理旗下产品命名体系，打造“最感性的豪华汽车品牌”。由此，英菲尼迪品牌突围计划正式启动，发布“敢爱”品牌概念，传递挑战传统的勇气、梦想和信念。围绕这一概念，英菲尼迪以“启释录”万人盛典为开端，展开了一系列市场营销活动。

2. 精选契合品牌内涵的艺人，明星效应带动传播

“启释录”万人盛典邀请美国励志偶像 Katy Perry、林志颖、庾澄庆、李宇春、张靓颖等众多契合英菲尼迪“敢爱”内涵的明星加盟，不仅完美诠释了品牌调性，更利用明星效应为品牌最大化传播奠定了基础。

（二）广告目标

以合理的资源投入，整合最匹配的媒体资源，将一场规模有限的线下盛典演变为辐射亿万受众的传播浪潮，从而把“敢爱”的影响力放大到极致，提升英菲尼迪新品牌概念的知名度和认可度。

（三）创意核心

1. 四屏整合，占领每个生活层面

乐视网，中国第一长视频网站，借助超级电视的推出，率先实现了四屏整合营销的梦想。在乐视生态全产业链垂直整合布局下，通过 PC 屏、Pad 屏、Phone 屏和超级电视 TV 屏，乐视网的视频内容前所未有地占领了家庭和个人生活的每个层面，真正实现了“有屏的地方，就有乐视”。

2. 全新品牌定位，调性完美匹配

2013 年底乐视网品牌全面升级，提出“颠覆 · 全屏实力”的全新品牌定位。对于希望实现新品牌最大化传播的英菲尼迪来说，无论是品牌调性，还是媒体传播力，乐视网都是最佳合作伙伴。于是全球首场四屏联动高清直播盛典就此诞生。

（四）传播策略

利用四屏联动，扩大“启释录”万人盛典的影响力。传播主要分为以下几个层次：一是利用移动社交媒体预热、发酵与增强互动性；二是四屏联动制造声势，扩大影响；三是四屏直播，将受众全部击中。

二、广告实施及表现

（一）社会化媒体全程参与

盛典直播预热期，乐视网官方微博推出预告，并策划网友抢票活动。

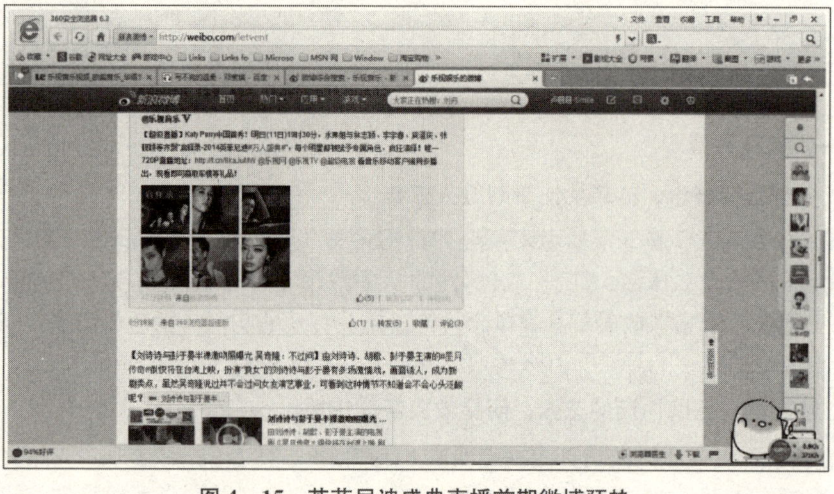

图 4—15　英菲尼迪盛典直播前期微博预热

盛典直播期，乐视网在社会化媒体平台紧密配合歌手演唱曲目内容，及时与歌手及粉丝团互动，多维度扩散“启释录”万人盛典的网络传播效果。

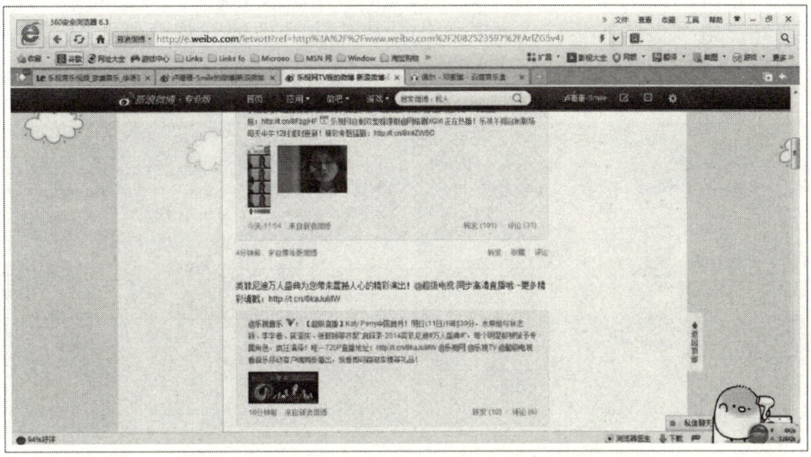

图 4—16　英菲尼迪盛典直播期微博传播

盛典传播后期，乐视网根据网民意愿，票选出最具人气的“不老男神”林志颖作为推广重点，在微信传播中推出林志颖、KIMI 与英菲尼迪联手制作的 MV《挚爱》，吸引大批粉丝观看和朋友圈主动转发。

图 4—17　英菲尼迪微博直播后期微博票选

（二）整合四屏黄金资源，重磅投入

网站多频道首页焦点图、音乐频道专题合作 PS 画面、移动端“看音乐”APP 开机大图，配合超级电视大屏极具冲击性的定制开机广告，乐视网整合了四屏黄金资源，实现了英菲尼迪品牌最大化曝光。

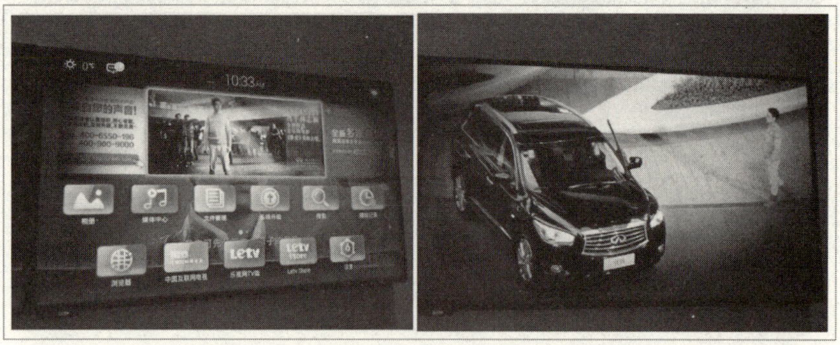

图 4—18　英菲尼迪超级电视定制开机广告

图 4—19　英菲尼迪超级电视首页焦点图广告

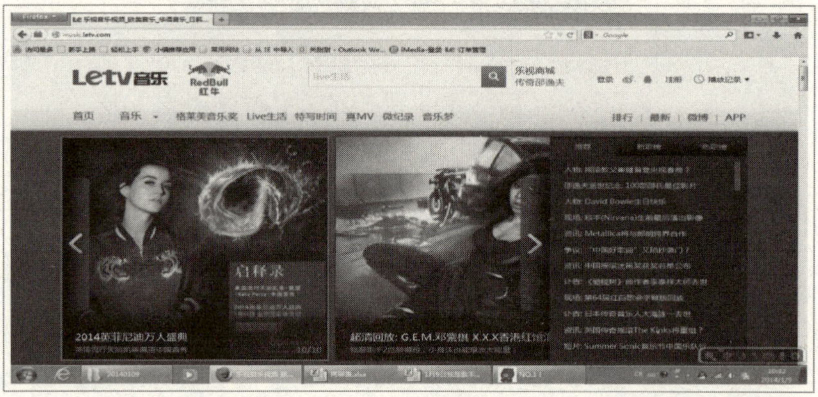

图 4—20　英菲尼迪乐视网音乐频道首页焦点图广告

图 4—21　英菲尼迪 iPad 端乐视视频 APP 开机广告

图 4—22　英菲尼迪乐视手机 APP 推荐广告

（三）全球首例四屏同步直播演唱会

2014 年 1 月 11 日当天，乐视网在超级电视 TV 大屏、PC 屏和移动屏对“启释录”

万人盛典进行四屏同步直播，成就全球首例四屏同步直播演唱会的壮举。其中，乐视TV·超级电视1 080P高清画面，更是让观众如同置身现场，视听效果超乎想象。

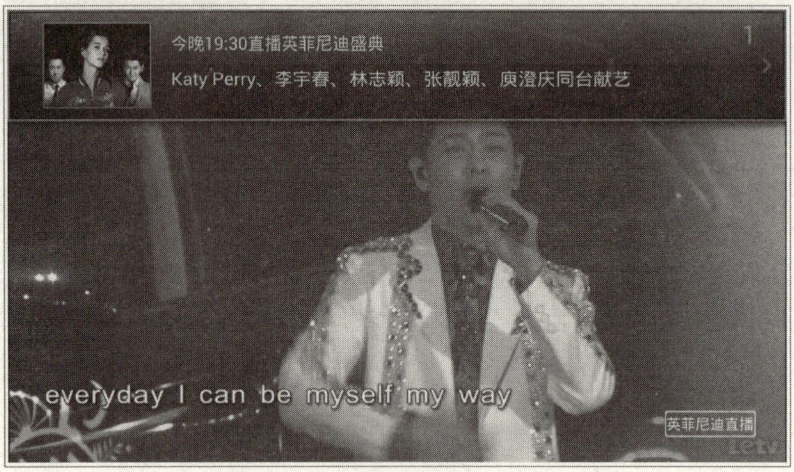

图4—23 英菲尼迪万人盛典四屏直播

三、广告效果

英菲尼迪此次与乐视网的合作，投放数据完美超越既定目标。

表4—2 英菲尼迪与乐视网合作的广告效果

KPI预估	实际KPI	完成比
预估总曝光：157 681 000	实际总曝光：195 915 056	124%
预估总点击：1 538 035	实际总点击：3 381 796	220%
直播观看人数：45万	实际直播观看人数：471 304	105%
平均观看时长：25分钟左右	实际平均观看时长：27：12：73	108%
直播&后期剪辑视频播放合计：300万	直播&后期剪辑视频播放合计：3 108 807	104%
预热+完整版播放量：50万	预热+完整版播放量：1 145 109	229%

第三节 “别出心裁”全媒体整合广告点评

全媒体传播技术的进步为广告策划商提供了更多样化的广告传播选择，与此同时，数字技术的进步也提高了消费者自主选择浏览对象并分配注意力的能力，从而使消费者对强行插入的广告自动屏蔽能力增强。对广告主来说，按照传统方式对消费者“狂轰滥炸”式的强行灌输是行不通的。在这种情况下，广告必须凭借内容与形式别出心裁的创新赢得消费者的好感与兴趣。

本章入选的多乐士与雪花啤酒广告案例，正是以游戏互动的设计，主动出击，赢得了消费者的关注与好感。多乐士的传播技巧是，首先根据品牌创意理念制作在线色彩互动剧，通过网络播放与街头演出充分向受众宣传多乐士的品牌形象以及产品信息；其次，在受众对多乐士品牌产生初印象的时候，以积分奖励的方式，刺激受众登录网站或扫描二维码，参加“隔空刷墙”的神奇体验。而且刷得越多，积分越多。通过积分，受众有机会兑换真实家易涂服务面积，享受到产品的实惠。可以说，多乐士完美地将宣传、互动与消费者转化结合起来，将品牌广而告之的同时，也娱乐并惠及了消费者，最终达到了理想的广告效果。

相对来说，雪花啤酒的游戏设计更加精准化。首先，通过推出趣味勇闯 DNA 测试，凭借新浪、腾讯媒体采用大数据挖掘技术，确定具有勇闯基因类型的潜在目标人群，并向他们定向推送对应类型的定制游戏。为了增加这类定制游戏的使用率，雪花啤酒广告策划商还打造了全方位个性化虚拟体验平台，以第一人称制作互动微电影，增强用户体验。不仅如此，策划商还利用群体互动的影响力，促进定制游戏与微电影在好友之间二次传播，鼓励好友进行勇闯精神大比拼。最后通过手机与电脑双屏传播，扩大活动影响力。从上面的传播技巧可以看出，无论是多乐士的互动广告还是雪花啤酒的游戏推广，都依靠游戏天生的娱乐性，从内容与形式上紧紧抓住了消费者，并且让消费者主动上钩。

除了依靠游戏设计打动消费者，面对碎片化的受众，多屏联动也是全媒体传播技术为广告商别出心裁的广告策划所提供的另一条出路。通过多屏联动，反复出现在消费者视野，增强曝光频次，从而灌输给消费者一个全方位、立体化的品牌形象。宝马 MINI 和英菲尼迪采用的正是这种多屏联动广告。当然，要打造强势的多屏联动营销广告，必须考虑广告成本，因此这一方法并非适合所有品牌的营销广告。

第五章　全媒体整合广告策略五：取信于人

- 以媒体公信取信于人
- 用名人效应拉近距离
- “取信于人”全媒体整合广告点评

利用名人效应与媒体资源是整合社会评价的有力手段，也是广告取信于人的常用手段。全媒体时代的名人效应与媒体资源可以被更加广阔地挖掘。

第一节 以媒体公信取信于人

媒体是广告运作的载体，也是广告商最为熟悉的营销工具。但正因为如此，媒体的另一特性——社会公信力在整合社会评价、提升营销效果上的作用就被忽视了。事实上，一些信誉度较好的新闻媒体在社会上具有广泛的受众覆盖率，而且在受众心目中具有威信与话语权，常常能够在全社会范围发挥引导作用，构建社会评价体系与标准。借助新闻媒体制造营销计划，不仅能够事半功倍地产生广告效应，而且能够提升品牌正面形象，发挥“长尾效应”。

但是，借助新闻媒体的公信力来取信于人，进行广告推广活动并不容易。如果处理不当，反而会给人们“假新闻”、“做广告”的印象，不但没有达到品牌宣传的效果，甚至会折损媒体的公信度。因此，如何利用新闻媒体的资源特性进行创意，寻求新闻报道内容与品牌形象宣传的连接点，是非常重要的。在全媒体营销时代，新闻媒体的运用方式会更加多样化。如何在媒体手段更加复杂的情况下营造媒体传播内容与品牌形象的相关点，找到媒体潜在突破力，变得更为关键。

案例一：GE 走进“凤凰创新网”

广告主（品牌）名称：GE（通用电气）
案例策划、制作单位名称：凤凰网
案例实施时间：2013 年 10 月—2014 年 12 月
中国第五届虎啸奖银奖作品

一、案例介绍

（一）实施背景

GE——美国通用电气公司，专注于世界至关重要的需求，以卓越人才和领先技术，致力于解决最具挑战性的议题，提供包括能源、医疗、家庭、交通运输和金融等广泛领域的解决方案。但大多数中国消费者和政府决策者对 GE 的了解仅限于品牌标识，而对 GE 品牌背后强大的产业线所知甚少。而且，通过调研发现，目标人群并非对科技、GE 产业线相关话题不关心，而是普遍对于品牌传递信息的方式不认可。

（二）广告目标

此次传播的核心目标是消费者和政府决策者对 GE 认知的改观——从单纯品牌标识的认知，到对 GE 品牌背后强大的产业线的认知。

（三）创意核心

创新整合凤凰网媒体资源及内容生产能力，将 GE 的产品业务，整合成用户关心的内容，聚合成凤凰网创新频道，并由专业的内容编辑运营，与用户实现持续互动，在吸引用户阅读的同时，将 GE 的品牌内涵及其强大产业线潜移默化地告知读者。

（四）传播策略

策划方选择在内容和传播形式上进行突破，发挥媒体深度报道与权威发声的优势，为 GE 单独打造“凤凰网创新频道”，并通过每日弹窗推广对频道进行流量导入。将 GE 产品线所涉及的领域，以常识及泛科技话题的形式巧妙融入知识型的独立频道，让用户潜移默化地了解 GE 品牌及产品。

二、广告实施及表现

（一）组建专业团队

从凤凰网站内精挑商业编辑，直接对接客户，去中介化，提升整体采编与广告主传播诉求的效率。

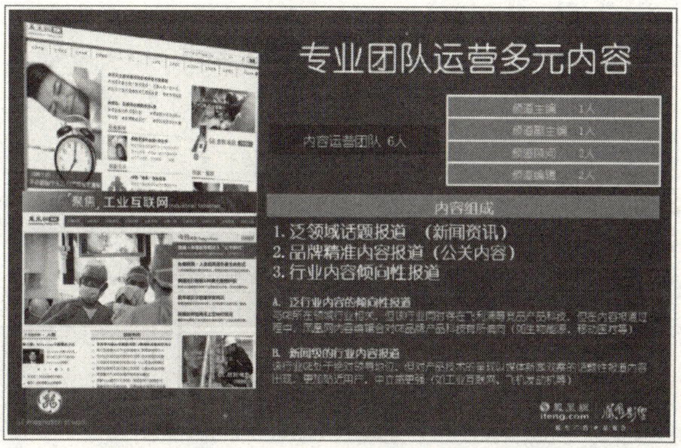

图 5—1 GE 走进凤凰网之团队组建

（二）打造频道多元内容

创新频道由“泛领域话题报道（新闻资讯）”、“品牌精准内容报道（公关内容）”及“行业内容倾向性报道”三部分组成。

其中，通过以下亮点凸显 GE 的企业实力：

1. 泛行业内容的倾向性报道

GE 所在领域存在飞利浦等竞争对手，在内容报道过程中，凤凰网内容编辑会对 GE 品牌产品科技（如生物能源、移动医疗等）有所偏向。

2. 新闻级的行业内容报道

在该行业，GE 处于绝对领导地位，但对产品技术的呈现以媒体新闻观察的话题性报道内容出现，更加贴近用户，中立感更强（如工业互联网、飞机发动机等）。

（三）原生内容：激发更多的用户共鸣

针对 GE 的某些重点行业，出品高质量的原生内容专题，吸引目标用户关注，并引发大家讨论，参与行业杂志的传播。如 2013 年 9 月 6 日创新频道发表的《全科医生的梦想与现实》，引发 733 人参与讨论，共 52 条评论，并被全球财经新见地等核心媒体转载。

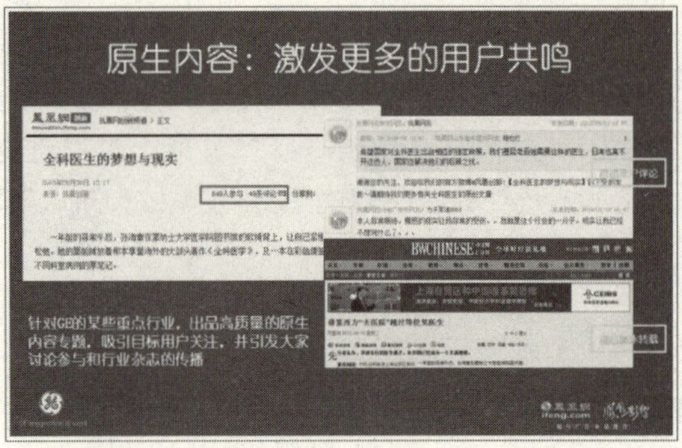

图 5—2　GE 走进凤凰网之内容亮点

（四）精准推送：用户生活的轨迹

GE 创新频道根据用户每天的阅读习惯，在晨间 8 点到 10 点推送科技创新类新闻产品，从而加深用户对 GE 与创新品牌理念的关联度，并进入创新频道深入了解内容。根据用户的生活轨迹来制造接触点，赢得他们的认可。

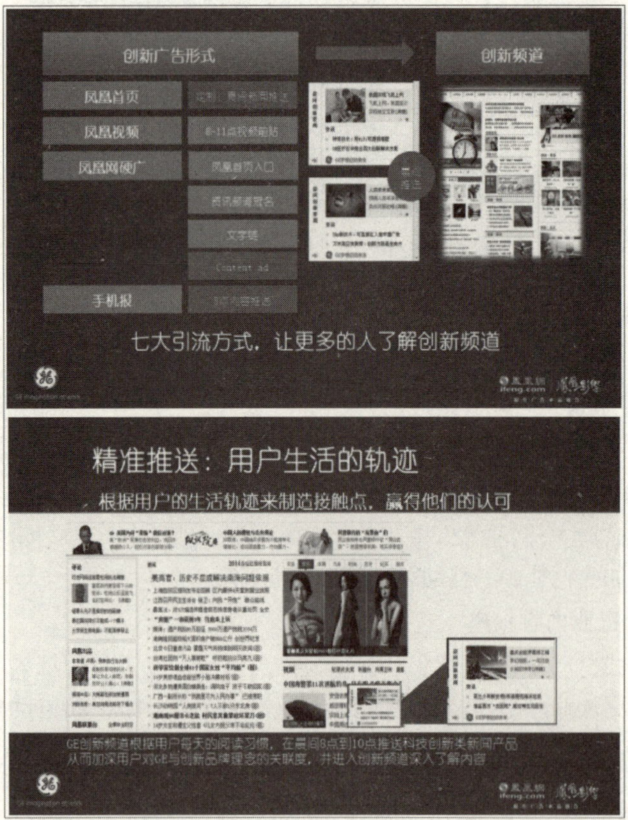

图 5—3　GE 走进凤凰网之精准推送

（五）PC十手机双平台联动

建立手机端创新频道，与 PC 端创新频道共同全方位覆盖目标受众媒介接触时间，保证受众及时获取创新频道内容。

三、广告效果

此项目与尼尔森和 Millward Brown 合作，在目标受众对 GE 品牌的认知度、喜好度等用户情感层面，以及用户对品牌、产品的了解程度等用户知识层面，分别进行了效果评估。

（一）尼尔森调研结果

通过创新频道及配套整合传播，消费者对 GE 的各项质化指标均有了大幅提升，尤其是专题原生内容，让 GE 的消费者参与、喜好、预购、推荐的程度提升了100%以上。

	晨间创新要闻弹窗	财经内页画中画	资讯内页LOGO冠名	在创新频道看过GE相关资讯
认知度	16.8%	35.7%	11.4%	37.4%
参与度	28.7%	54.7%	28.3%	136.0%
喜好度	39.4%	52.7%	32.7%	130.5%
预购度	27.3%	28.4%	22.3%	104.4%
推荐度	41.8%	42.8%	36.1%	130.6%

图 5—4　GE 走进凤凰网之尼尔森广告调研

（二）Millward Brown 调研结果

通过调研，经过此次传播，对 GE 品牌了解有提升的用户比例达到 70%；对 GE 相关产品了解程度提升的用户比例达到 48%；对 GE 品牌好感度提升的用户比例达到 70%。

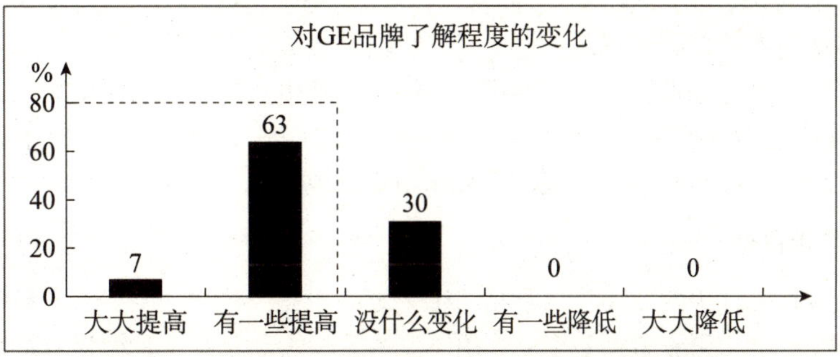

图 5—5　GE 走进凤凰网之 Millward Brown 广告调研

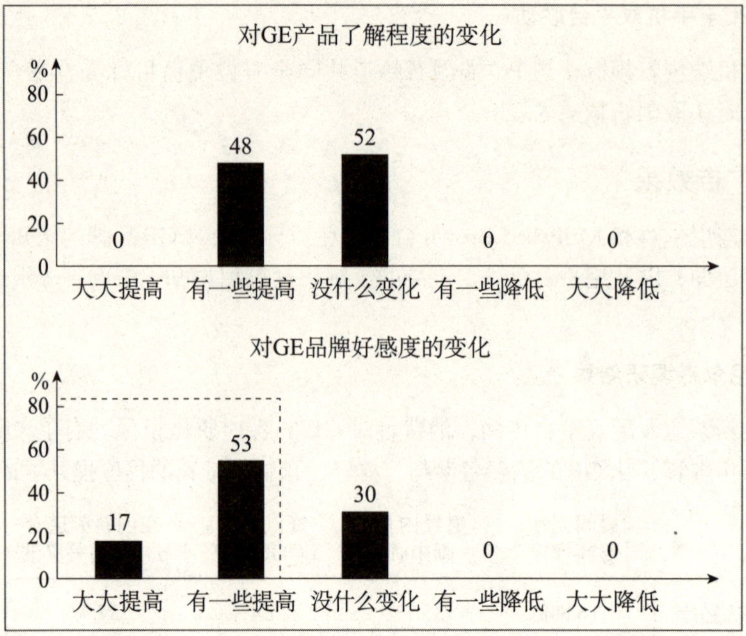

图 5—5（续图）

案例二：别克凯越《说给老家》

广告主（品牌）名称：别克凯越
案例策划、制作单位名称：凤凰网
案例实施时间：2014 年 1 月 15 日—2 月 13 日
中国第五届虎啸奖银奖作品

一、案例介绍

（一）实施背景

2014 年春节前夕，上海通用汽车推出全新别克凯越。通过对消费者调查发现，一方面，基于春节期间对浏览汽车的用户进行监测，发现他们对“平安”、“安全”的关注度更高，这可能与春节期间汽车用户需要回家团圆有较大关系；另一方面，别克凯越既有目标消费者更加关注、重视家庭。因此，公司决定推出主题视频《平安，不是你一个人的事》，希望在春节期间制造一波营销，进一步深化品牌 Slogan“平安，不是你一个人的事”，强化其在受众心目中安全家庭用车的品牌形象。

（二）广告目标

本轮营销目标分为两方面：一是品牌曝光度的提升，传递“平安，不是你一个人的事”品牌理念，夯实别克凯越安全家庭用车第一品牌的印象；二是微博互动数、凯越百度搜索指数的提升。

（三）创意核心

将别克凯越“平安，不是你一个人的事”上升为对家、家乡的感情，邀请8位不同籍贯、不同身份、不同年龄的嘉宾讲述他们与老家之间真实的故事，打动观众，将凯越车植入栏目，无缝融入品牌理念“平安，不是你一个人的事”，强化其在受众心目中安全家庭用车的品牌形象。

（四）传播策略

利用凤凰网《说给》栏目的宣传，建立“平安回家”与别克凯越品牌形象的关系，并进一步利用社交移动媒体在人与人之间发酵。

二、广告实施及表现

（一）《说给老家》前期预热话题

本阶段依托强大的名人资源库，选择契合“老家”故事情感的嘉宾，录制《说给老家》节目。《说给》栏目是凤凰网一档经典的“独白体”栏目。结合春节期间人们对“返乡”、“家乡”话题的关注升温，策划推出《说给》系列的特别栏目《说给老家》，在中国及全球范围内寻找8位离开故土的华人，深度挖掘嘉宾故事背后的历史人文内涵，在春节期间掀起思乡、忆家的潮流，吸引目标消费者关注。

图5—6　别克凯越《说给老家》之人物筛选

（1）老家浙江舟山群岛岱山岛的台湾老兵姜思章——因历史原因前往台湾、多年未近故土的老兵代表。

（2）老家黑龙江哈尔滨的华语作家梁晓声——经历过上山下乡的知青代表。

（3）老家湖北襄阳的青年才女蒋方舟——80后青年代表，意见领袖。

（4）老家江苏灌南县的画家谢宏军——艺术界的代表，老家为他带来艺术的源泉。

（5）老家重庆万州的三峡移民熊晓艳——三峡移民的代表，代表了因国家利益而放弃个人情感的人们。

(6) 老家重庆上清寺的亚洲第一声音黄绮珊——演艺界代表，正值《我是歌手》影响，人气最旺。

(7) 老家内蒙古鄂尔多斯的篮球明星巴特尔——体育界代表，老家为他带来拼搏的动力。

(8) 老家甘肃靖远的电力局架线工人陈春涛——普通工人代表，家是守候着他的温暖（客户植入嘉宾）。

(二)《说给老家》重点话题打造

凤凰网团队对第 8 期客户植入嘉宾节目倾力打造。在前 7 期内容为《说给老家》节目积累了一定量的受众和持续关注的基础上，为了更好地融入别克凯越“平安，不是你一个人的事”品牌理念，凤凰网团队为客户全方位制定采访了第 8 期人物——别克凯越车主、甘肃架线工人陈春涛，夯实目标受众对别克凯越品牌理念的理解。

图 5—7　别克凯越《说给老家》之特别节目

(三) 社交媒体广泛传播

利用老照片图片专题及网友互动留言，再次发酵传播效果。照片内嵌入客户主题视频《平安，不是你一个人的事》，原生融入媒体环境，加深消费者对品牌理念“平安，不是你一个人的事”的情感共鸣。同时，一些微信公众号及客户媒体、经销商对其进行传播。

三、广告效果

凤凰视频品牌栏目《说给老家》，结合客户农历新年营销推广的春运回家主题视频，针对目标用户人群，从原生角度切入心灵营销，故土情感引发群众共鸣。

本次营销活动最终带来：（1）品牌曝光度提升：视频播放总量达到 3 809 371 次；（2）潜在销售机会增加：评论互动达：36 033 次；微博互动 7 349 次；《说给老家》系列节目播出期间，“凯越”百度指数上涨约 200%。

第二节　用名人效应拉近距离

名人代言广告这种形式本身并不新鲜，长期以来已经成为广告运作中最常见的营销手段。名人具有较高的社会关注度，他们的一言一行、一举一动都会在社会上造成一定的影响。利用名人代言广告，具有天然的社会影响力。但是随着名人代言广告行为的普遍，一些问题也随之而来，例如一些名人代言广告千篇一律，缺乏创意与故事性，效果平平；一些名人代言广告将明星与产品生拉硬拽在一起，没有契合性可言；一些名人代言广告只烘托了明星的表现，却没有让消费者记住产品；一些名人虽然名气很大，但是在目标消费者中影响力不强；一些明星代言广告过多，引起了消费者对明星捞金的反感，广告效果自然不好；还有一些明星卷入了各种丑闻事件，反而让其代言的品牌陷入危机。

尽管这些问题不能完全否定名人代言广告的积极效应，但是如何化解这些潜在的危机就显得十分重要。在全媒体整合广告时代，我们可以利用媒体技术的多样化与互动性，巧妙紧密地将名人与产品相结合，策划更丰富、更立体的名人故事，加强名人与消费者的沟通与互动。这些做法可能会为化解名人代言广告的危机、探寻名人代言广告的发展提供一些新的思路。

案例一：新蒙迪欧的名人对话

广告主（品牌）名称：长安福特
案例策划、制作单位名称：凤凰网
案例实施时间：2013 年 10 月—2013 年 11 月
中国第五届虎啸奖金奖作品

一、案例介绍

（一）实施背景

2013 年，长安福特推出全球战略车型新蒙迪欧。中级车市场向来是竞争最为激烈甚至混乱的市场，丰田凯美瑞、日产天籁等日系车型已经占据极大市场份额。新蒙迪欧在众多品牌夹击中，如何才能真正影响目标受众，让其认可新蒙迪欧的品牌理念及产品实力，是此次项目的最大挑战。

对消费者调查发现：新蒙迪欧的消费者是年轻有为的社会精英。他们关心社会问题，胸怀天下。在车辆的选择上，他们不仅考量车型的功能性，还会考量其品牌理念、内在精神是否与自己的认知、理念契合。

（二）广告目标

本次营销的目标是：

（1）有效触达新蒙迪欧的目标受众，告知新车上市；

（2）深入诠释产品特性及品牌内涵，全面提升品牌影响力、预购度；

（3）收集价值客户信息，带来销量提升。

（三）创意核心

新蒙迪欧此次的核心理念为“科技/品位——闪耀人生”，同时，结合车型特点，新蒙迪欧还被赋予了拟人化的“事业有成、生活有品、敢于创新、富于激情、懂得平衡、懂得精彩”的品牌特质。通过邀请 6 名行业精英分别诠释这六大理念，将品牌与话题形成关联，并结合 5 场不同风格的落地活动，吸引用户参与并最终试驾，实现 O2O 整合营销。

（四）传播策略

利用名人资源库，选择与品牌形象最契合的行业精英人物，利用他们的社会影响力，引发关注，争取消费者认可与参与，从而传播新蒙迪欧的品牌形象。

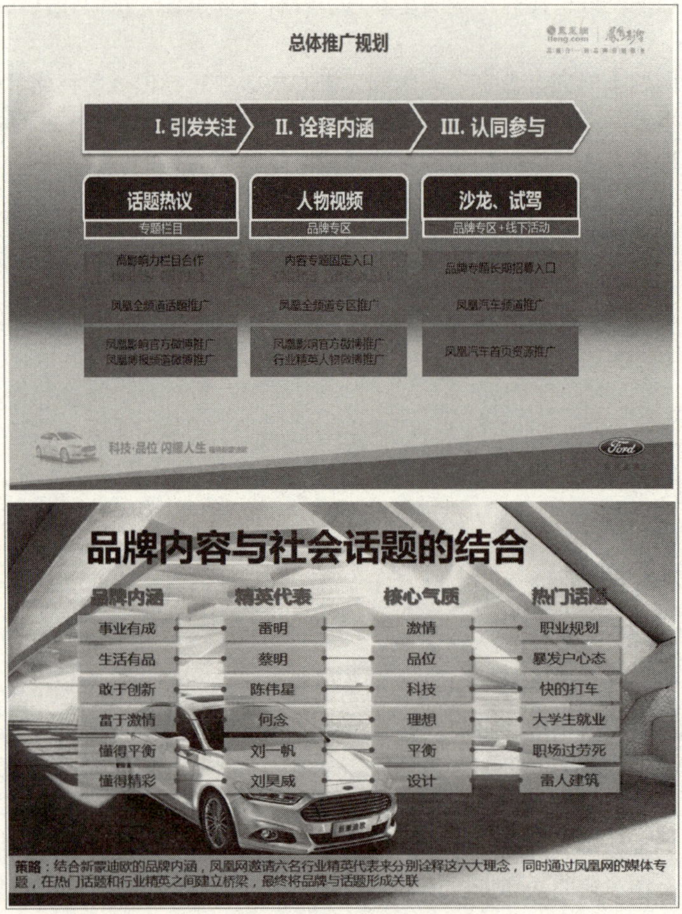

图 5—8　新蒙迪欧传播策略图

二、广告实施及表现

（一）晒社会热点话题，建立名人与品牌的联系

通过凤凰网深度栏目《纵议院》，展现精英人群（目标人群影响者）的工作观、财富观、科技观、生活观，利用热门新闻话题与品牌核心理念建立关联。

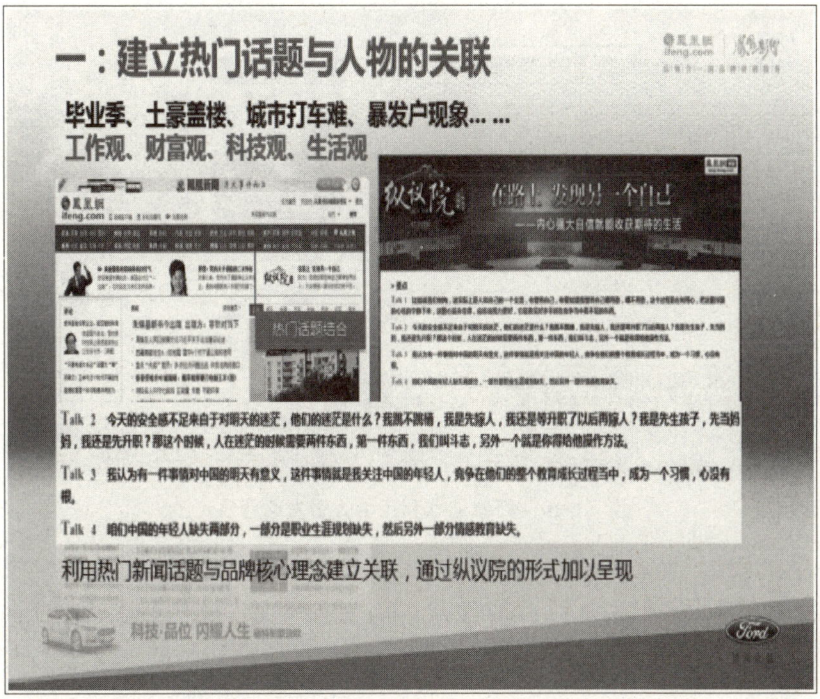

图 5—9　新蒙迪欧利用热门新闻话题巧妙联系名人与品牌

（二）结合人物引发话题议论，激发试驾需求

邀请精英人物参与话题讨论，同时添加品牌专题入口，活动引发了众多网友的热烈讨论。在众多评论中，引入更多精英、意见领袖共同讨论，释放与品牌内涵相契合的观点，潜移默化地影响被话题吸引的目标消费者。

（三）精英人物视频制作

依托强大的名人资源库，选择契合品牌关键词的行业精英，录制精英人物视频。具体来说，在九大领域寻找能够代表“事业有成”、“生活有品”、“敢于创新”、“富于激情”、“懂得平衡”、“懂得精彩”的 6 名行业精英，并邀请凤凰卫视录制团队，为 6 名行业精英打造“精英人物”视频，表达从各自行业的角度对科技产品的看法，分别诠释上述六大理念。

这 6 名行业精英分别是：

著名话剧导演何念——“富于激情”，用信念鼓励众人，实现梦想；

和平饭店行政总厨刘一帆——“懂得平衡”，正确的宣泄方式让人不再惧怕压力；

科宝博洛尼创始人蔡明——“生活有品”，想过中国文化为魂的品质生活；
中国新生代建筑师刘昊威——“懂得精彩”，财富暴涨没有带来品位提升；
中国著名心理学家雷明——“事业有成”，内心强大自信，就能收获期待的生活；
快的打车 CEO 陈伟星——“敢于创新”，中国年轻的创新者，愿意“赔钱做梦”。

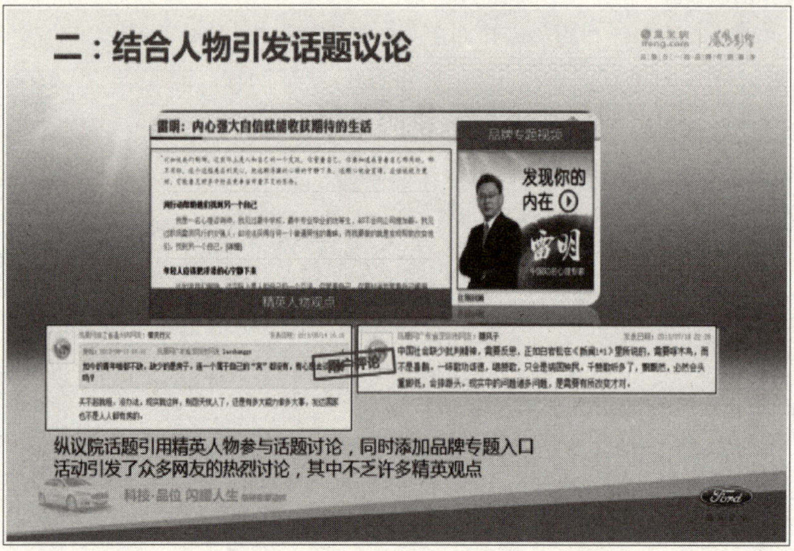

图 5—10　新蒙迪欧利用名人引发话题议论

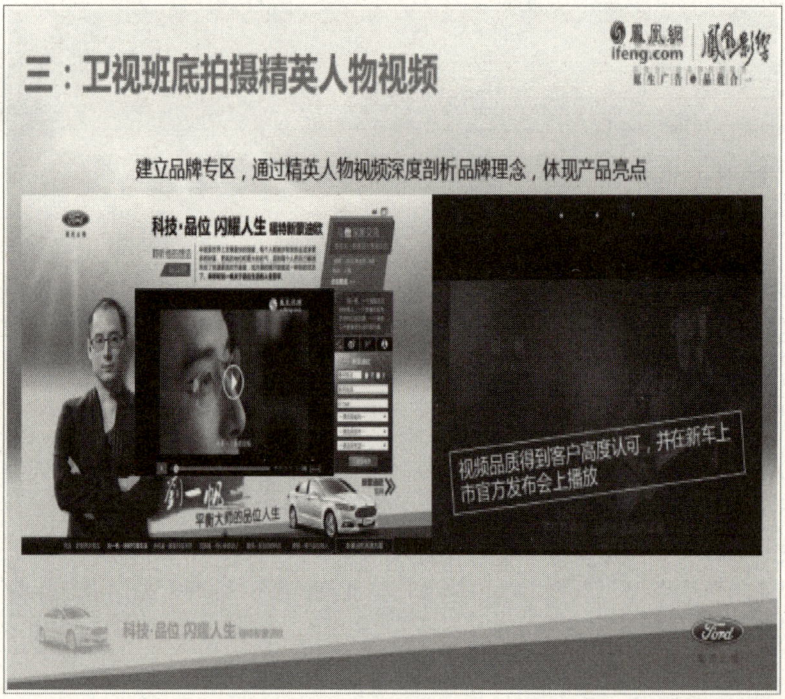

图 5—11　新蒙迪欧利用精英人物视频介绍产品亮点

（四）精英人物举办主题沙龙，影响力线下发酵

根据精英人物的视频主题，选择北京、上海、重庆、武汉、沈阳5座城市举办线下主题沙龙高端私密聚会，让影响力深入线下，让品牌消费者更加深入了解品牌理念，提升消费者预购度。

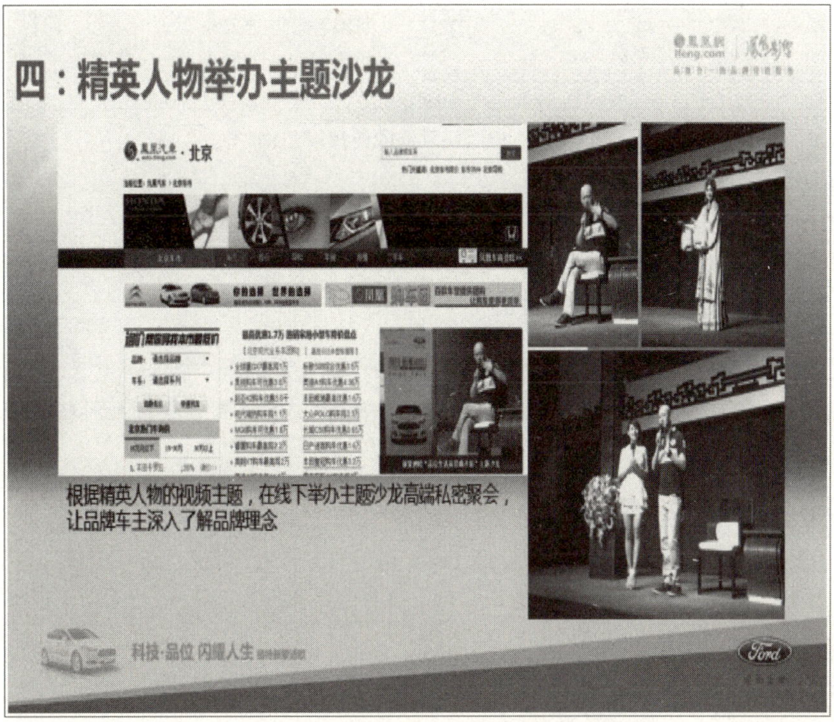

图5—12　新蒙迪欧邀请精英人物参与线下活动

武汉——“新蒙迪欧艺术”沙龙：刘昊威做“城市与未来”主题讲座，现场邀请到了武汉市主流汽车媒体及部分新蒙迪欧车主共计50余人参加。

沈阳——“生活保鲜”主题沙龙：邀请雷明参与，在“如何让自己的生活保鲜，充满新鲜感”的主题讨论中，与在座的新蒙迪欧准车主们分享了他的“保鲜秘方”、他的品位生活。

上海——“美酒与美食”沙龙：刘一帆作为特邀嘉宾到场，在美酒与美食方面畅谈了自己的一些观点。

北京——“品位生活”精英沙龙：蔡明与在座的新蒙迪欧未来车主们分享了他心中的昆曲文化，他的品位生活。

三、广告效果

（一）整体传播效果

此次传播实现品牌曝光13.5亿次；硬广告点击201.5万次。其中在北上广，以及山东、广东和江苏等地宣传效果良好。

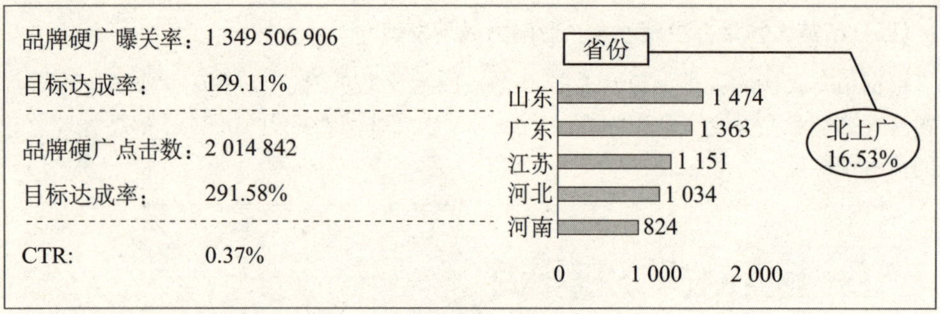

图 5—13 新蒙迪欧传播效果图

（二）“纵议院”原生内容专题效果

“纵议院”原生内容专题获得467万PV、329万UV；通过“纵议院”专题，新蒙迪欧品牌推荐度提升了75%，参与度提升了72%。

（三）原生人物视频传播效果

6期名人视频总计获得超过432万次观看，触达313万人；通过视频传播，新蒙迪欧品牌参与度提升了315%，喜好度提升了137%。

（四）优异的客单搜集效果

通过整体传播，新蒙迪欧总计收集Leads数达13 579，可见优质内容对目标受众的影响有多大。

案例二：我要去加州旅游

广告主（品牌）名称：加州旅游局/VCA
案例策划、制作单位名称：威动（上海）营销咨询有限公司
案例实施时间：2013年4月8日—2013年12月31日
中国第五届虎啸奖金奖作品

一、案例介绍

（一）实施背景

加州旅游面临的市场背景：

（1）面对FIT自由行旅客日益增长这一趋势，加州旅游局由之前只针对B2B旅行社市场的推广扩大到更多的旅行者，教育他们认识加州，同时根据消费者需求，鼓励旅行社推出更多元化的产品，引领购买。

（2）中国出境游市场迅猛增长，至2011年已经达到8 000万人次，其中长途出境游占20%，而长途旅行市场有望在未来四年增长一倍。

（3）中国游客2012年在加州花费了22亿美元，比上一年度增长了30%。

加州旅游局面临的挑战：

首先，加州从来不是首选：根据中国旅游研究院 2011 年报告，国人出境游首选 Top 5 目的地中都没有美国，就更没有加州；而且大部分人听说过洛杉矶、旧金山、好莱坞，但都无法和加州联系在一起。

其次，国人不了解加州。提起加州，多数国人的印象仅停留在阳光和橙子，没有具体印象。事实上，加州的旅游资源包罗万象，拥有丰富的自然景观，如优胜美地国家公园；人文景观，如好莱坞星光大道；更有新世界葡萄酒圣地纳帕谷和度假胜地圣巴巴拉；还有适合全家人游玩的好莱坞环球影城、加州迪士尼乐园等。

最后，相比其他国家旅游局，加州旅游局的媒体预算有限。与媒体预算庞大的澳大利亚旅游局相比，加州旅游局的媒体预算只有其 4.4%。

（二）广告目标

营销广告的目标分为三项：

一是通过多种形式的内容告知消费者加州有丰富的旅游资源，提升消费者对加州的兴趣。具体来说：

KPI 1：6 个月之内新浪微博粉丝从 27 744 增加到 80 000，活跃粉丝占比从 37.5% 增加到 45%（参考标杆：洛杉矶旅游局，于 2010 年 12 月开设微博，截至 2013 年初有近 8 万粉丝）。

KPI 2：每条视频平均播放量达到 10 000 次（参考标杆：加拿大旅游局，在优酷上所有视频平均有 14 480 次播放；英国旅游局，在优酷上所有视频平均有 5 465 次播放）。

二是通过明星和 KOL 产生的内容吸引消费者。具体 KPI 指标：大型抽奖活动的参与人次达到 20 万。

三是将消费者和特制的加州旅行产品连接起来，鼓励消费者购买。KPI 指标是总销售业绩超过 2 000 万元。

（三）核心创意

利用名人效应与媒体整合营销，环环相扣，层层深入，将加州旅游推广出去。

（四）传播策略

“我要去加州”整合营销传播策略三步走：

第一步，激起心动。

（1）整合户外媒体、网络广告、社交媒体、行业公关、移动终端资源，借助明星效应，将加州作为优质的长途旅行目的地推广出去，激发消费者对加州的兴趣。

（2）选择明星大使：选择形象健康清新的高圆圆作为加州形象大使，帮助加州快速建立名声和良好的形象，同时利用明星的公关价值，进一步推高加州的知名度。

第二步，吸引互动。

借助加州旅游局名声上升的势头和消费者对加州的兴趣，持续以社会化媒体为中心，进行全方位的传播和互动。

（1）化繁为简：将加州的精华浓缩成 5 大主题——家庭乐、阳光面对面、文艺范儿、吃货游踪和奢华之旅，帮助消费者更直观和简单地了解和认识加州，并以这 5 大主题规划微博内容和视频内容的传播。

(2) 整合协同：以新浪微博为核心，开拓豆瓣、知乎、优酷等平台，联合穷游等旅游类网站，在社会化媒体上形成协同效应。

(3) 改“播”为“传”：通过邀请KOL和持续聆听形成口碑传播，从单向的“播”变为“传”，利用社会化媒体的特性，吸引粉丝，持续互动。

第三步，促进行动。

通过新年活动，提供春节出游套餐，激发消费者在春节出游的兴趣。

二、广告实施及表现

（一）激起心动

1. 我“摇”去加州

利用多种媒体，传递我“摇”去加州的广告信息。

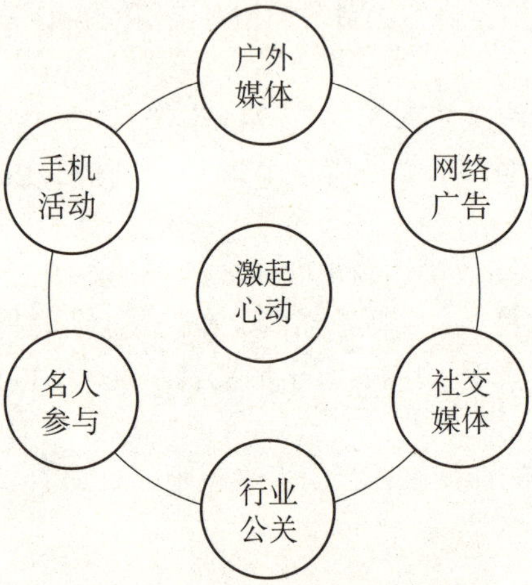

图5—14 加州旅游全媒体预热宣传

(1) 微博游戏。

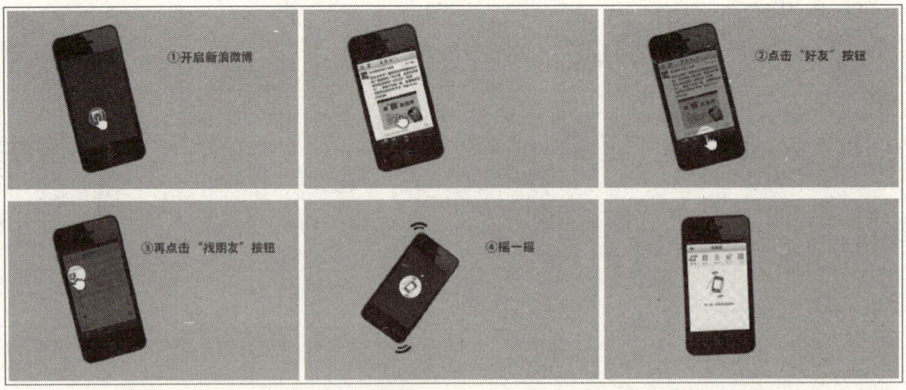

图5—15 加州旅游微博“摇一摇”游戏介绍视频

(2) 户外广告。2013年4月，创意性地将移动端“摇一摇”与上海核心商区14块户外广告投放结合，形成O2O互动。

图 5—16　加州旅游户外广告——上海

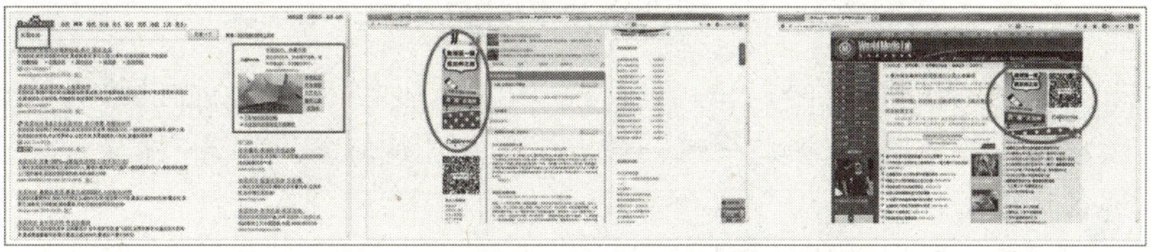

图 5—17　加州旅游百度网络广告

图 5—18　加州旅游去哪儿网 banner 广告

图 5—19　加州旅游移动终端广告

（3）百度：购买搜索引擎关键字，美国旅游、假期出游等关键字的结果页面右侧跳出广告；进一步挖掘搜索引擎广告联盟优势，在旅游类相关网站投放 banner 广告。

图 5—20 我“摇”去加州微博互动和现场互动

（4）去哪儿网：在有出行需求的消费者常用的网站上的显著位置投放 banner 广告。

（5）新浪微博：PC 端和移动终端，最大化提升加州旅游局的知名度。

（6）现场互动活动。

（7）互动抽奖：针对加州特色和景点，在微博 Mini-Site 上推出有奖问答活动，赠送每周一名获奖人往返机票和精美奖品，与其在出行期间互动。

图 5—21 我“摇”去加州活动页面、获奖公示页面、互动问答页面

2. 明星效应

在加州州长宣布明星高圆圆为加州第一个中国形象大使后，抽出获奖人，让消费者关注加州，并激起对加州游的兴趣。

选择高圆圆为形象大使后获得了众多好评，粉丝数直线上升。带来的名人效应也在媒体公关上为加州旅游局赢得了更多阵地，包括新浪、凤凰网、人民网、解放日报、北京晚报、新闻晨报等。

（二）吸引互动

1. 化繁为简

（1）日常微博：围绕以下 5 个主题，定期发布和加州相关的内容：

＃家庭乐＃：主题公园和适合亲子活动的游戏和景点

＃阳光面对面＃：户外活动和自然风光为主

＃文艺范儿＃：人文类的景点和事件，如博物馆、赛事、庆典等

＃吃货游踪＃：将不同季节的加州各地美食呈现给中国消费者

＃奢华之旅＃：以高端购物中心、休闲娱乐设施等为核心内容

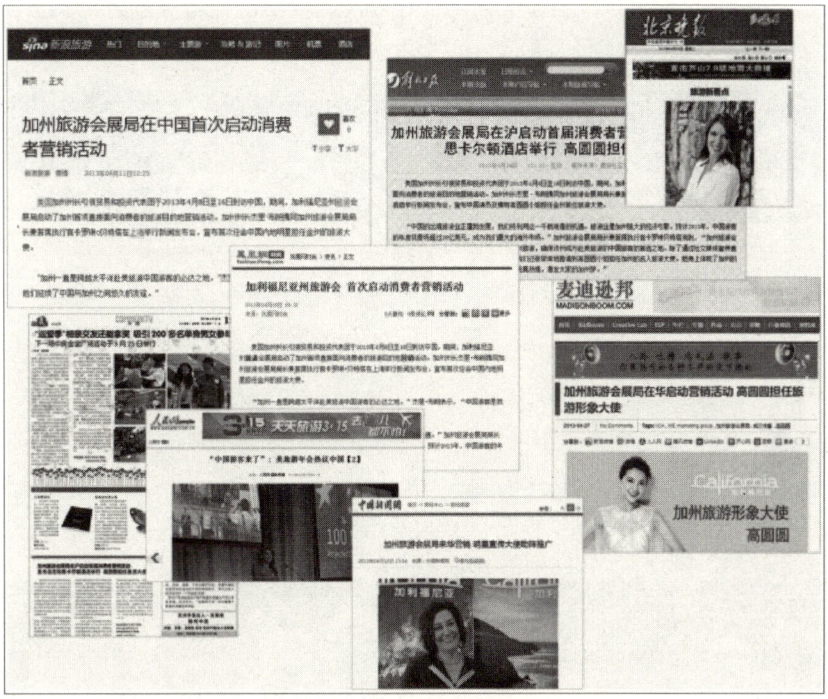

图 5—22　加州旅游局选择高圆圆作为形象大使

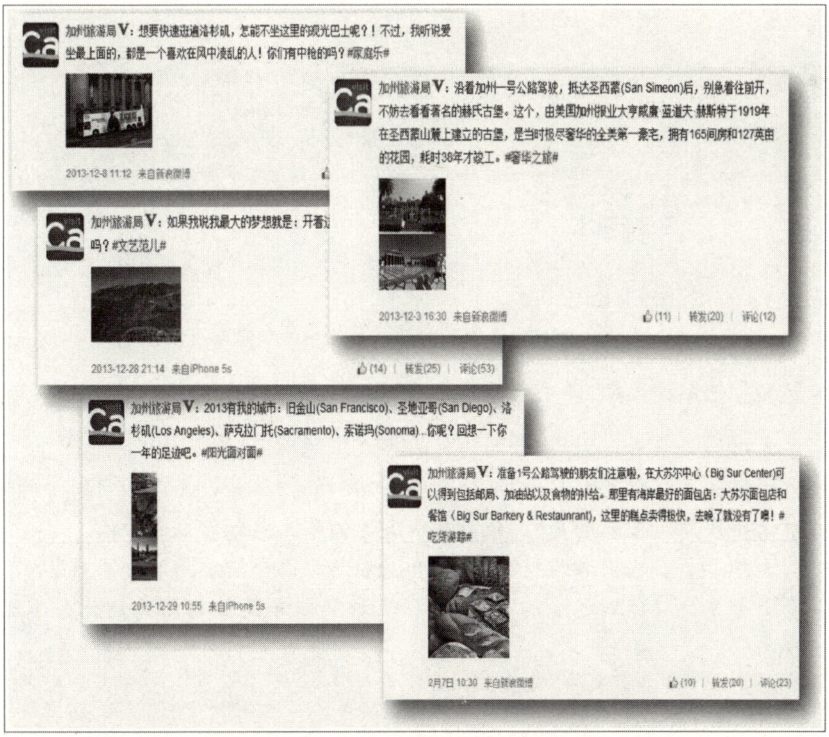

图 5—23　加州旅游日常微博互动

此外，结合实事和节日，搞粉丝活动促进互动，吸引消费者并增进消费者对加州的好感。

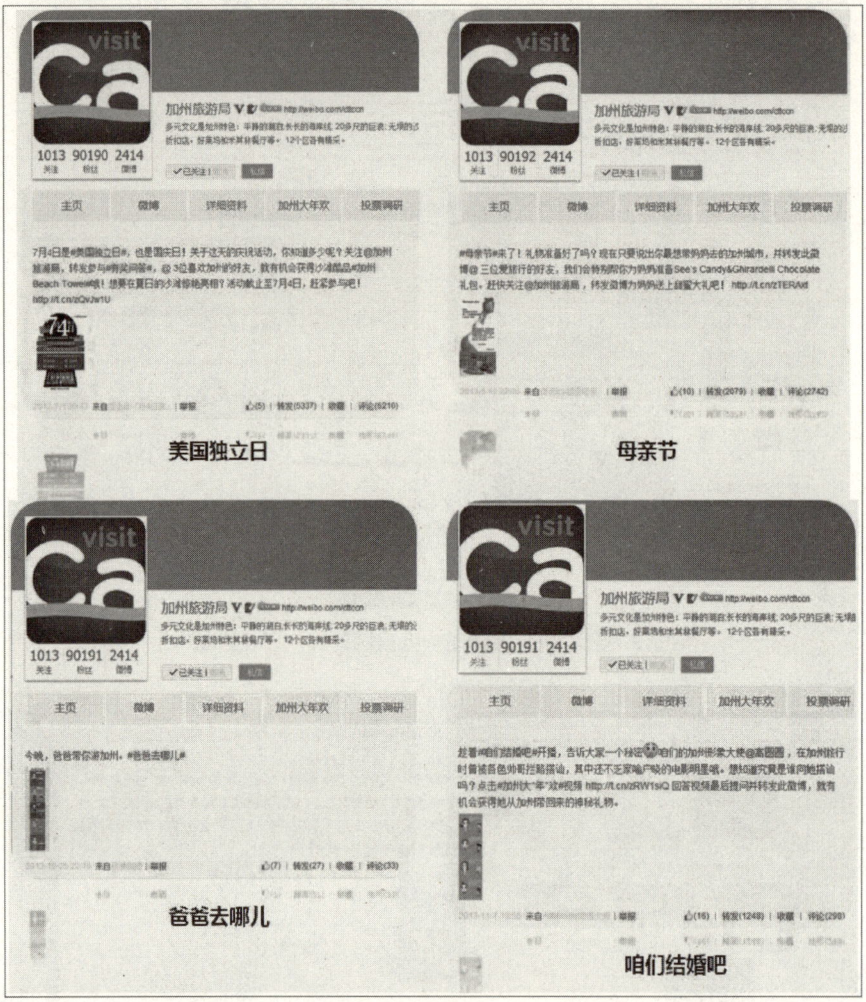

图 5—24　加州旅游结合节日与节目话题

(2) 圆梦加州系列视频：

＃大乐园＃（家庭乐）：介绍加州的各大主题乐园

＃大冒险＃（阳光面对面）：分为海滩篇和红树林篇，介绍加州的自然美景

＃大年欢＃（文艺范儿）：介绍加州各地的华人是如何过新年的

＃大饕餮＃（吃货游踪）：从美食和美酒两方面介绍加州的饕餮盛宴

＃大奢享＃（奢华之旅）：介绍加州奥特莱斯和高端购物商场、奢华酒店和休闲 SPA

2. 整合协同

(1) 整合平台：以新浪微博为核心，整合其他社会化媒体平台，协同合作。

图 5—25 “圆梦加州”视频截图

图 5—26 加州旅游以新浪微博为核心整合媒体

豆瓣小站：以兴趣为导向与目标消费者形成互动，了解消费者对加州的看法和感受

优酷视频：官方账号上传圆梦加州视频，微博转发

知乎问答：回答对加州出行的问题，并转发到微博

穷游旅行：与已有出行意图的消费者建立联系，通过征集攻略和简单的活动，提升消费者对加州的认知和好感

3. 改“播”为“传”

借力 KOL，邀请田原游加州，请她在微博平台上发布在加州的见闻和感受，并拍摄一部 MV。

图 5—27 田原在加州拍摄 MV 时的微博

图 5—28 田原为加州旅游制作的 MV

持续聆听，寻找网友的加州微博转发互动，转化广告“播”为社会化媒体口口相“传”，吸引关注与互动。

（三）促进行动

抓住春节出游市场逐渐被激活的契机，在社会化媒体上策划“加州大‘年’欢”的活动，结合视频和游戏，直接将消费者和加州旅行套餐联系起来，鼓励消费者购买。

（1）用加州地图开展游戏，传播 12 个区域丰富的旅游信息：粉丝可以在任意时段，至少观看一个区域的旅游信息，以获得减价机会。

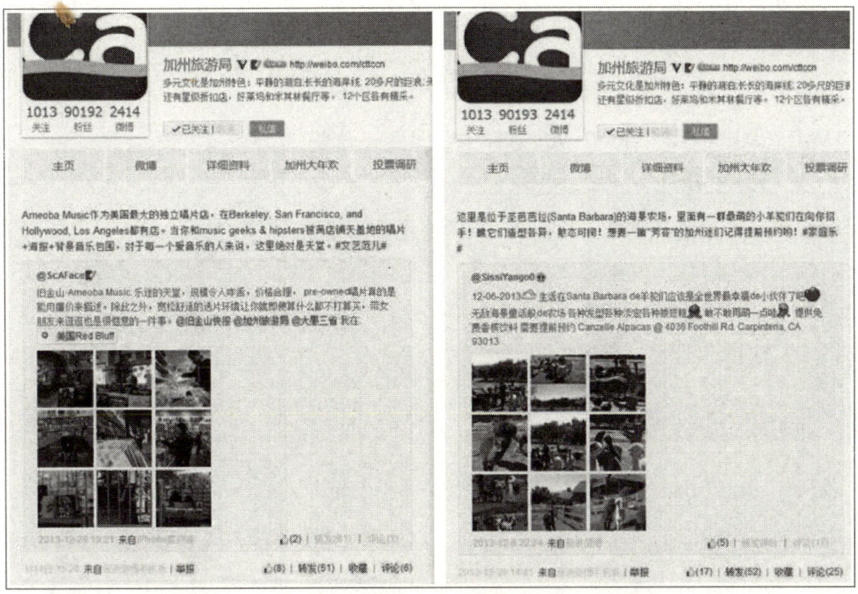

图 5—29　加州旅游宣传后粉丝在加州的体验转发

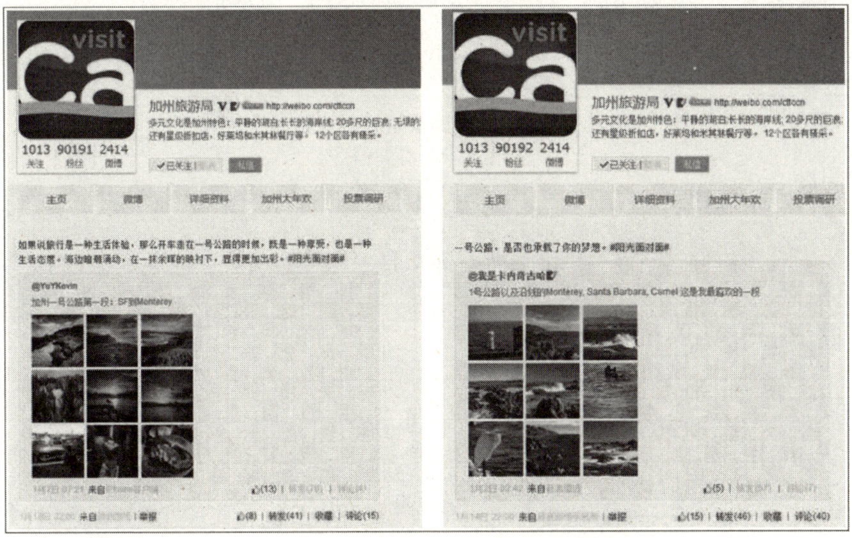

图 5—30　加州旅游宣传后非粉丝微博转发

(2) 通过荷兰式拍卖激励用户参与：参与者每随机查看加州任一区域信息后，获得在现价格基础上减价 1 元的机会，参与者参与次数越多，套餐价格就越低，直至旅游套餐降价至 0 元。机制简单、明确、刺激。参与后会自动分享活动信息，形成多级传播，再吸引其他用户加入减价。

(3) 固定时间抢拍：减价结束后的当日 21：00，所有微博用户中第一位按下抢拍的，能够以当前价格购买套餐。前 10 名则有机会获得丰富的奖品。固定时间段抢拍，极具吸引力的奖品，营造出紧张、刺激的气氛，保证活动参与度。

(4) 活动页面设置旅行社套餐入口，转化用户为消费者：用户点击游戏第一级页面中的“了解详情”，可以访问旅行社套餐页面、查看路线等详细内容，还可以直接下单购买。创造机会将有兴趣的潜在消费者转化为实际购买者。

图 5—31 加州旅游促进行动的活动流程

三、广告效果

(1) 通过多种形式的内容告知消费者加州有丰富的旅游资源，提升消费者对加州的兴趣

实际完成情况——新浪微博。

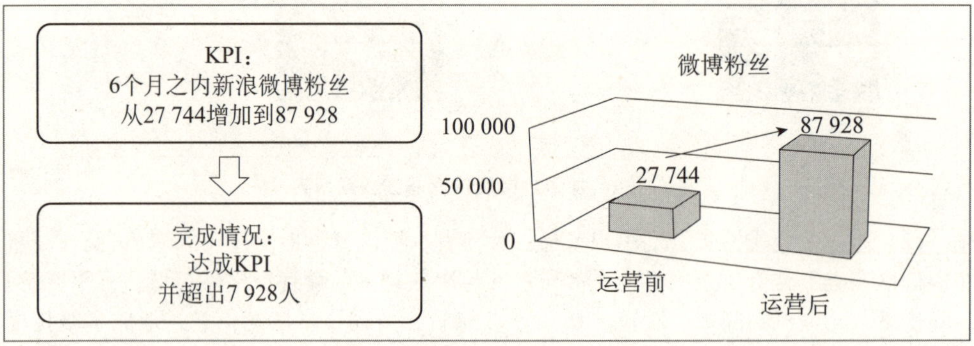

图 5—32 加州旅游新浪微博广告效果

粉丝量：截至 2013 年 12 月 31 日，由 27 744 增长到 87 928，增长率为 217%。

粉丝活跃率：由 37.5%增长到 65.4%，增长率为 74%。

实际完成情况——圆梦加州系列视频。

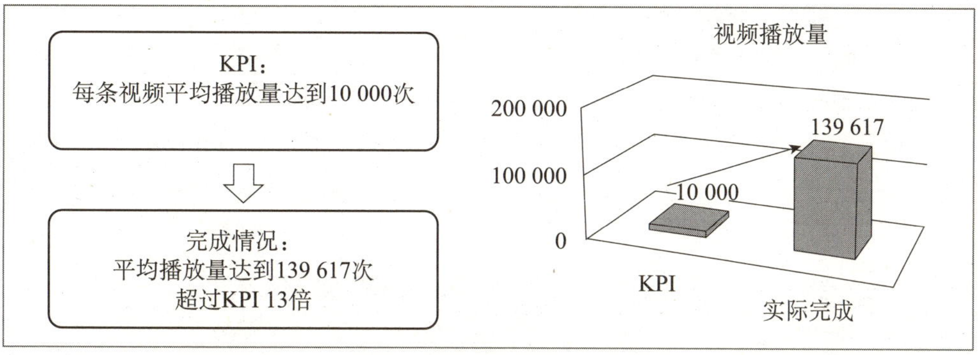

图 5—33 加州旅游视频广告效果

6 条已投放视频总共播放量达到 837 707 次。

(2) 通过明星和 KOL 产生的内容吸引消费者。

实际完成情况——我“摇”去加州活动。

活动曝光：6 790 万。

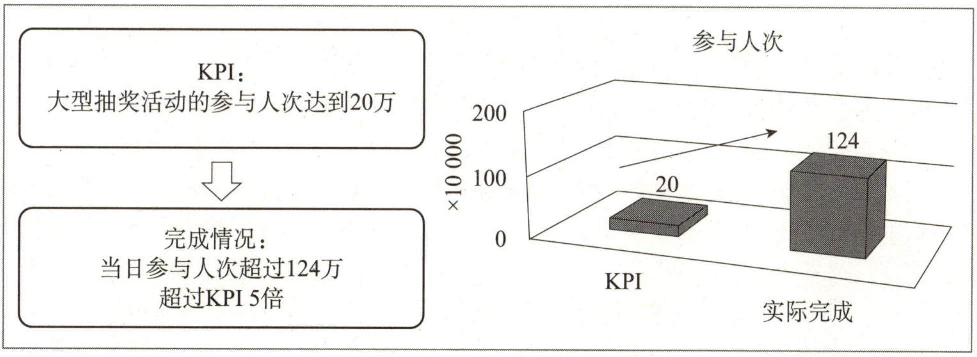

图 5—34 我“摇”去加州活动效果

(3) 将消费者和特制的加州旅行产品连接起来，鼓励消费者购买。

实际完成情况——加州大“年”欢新年活动。

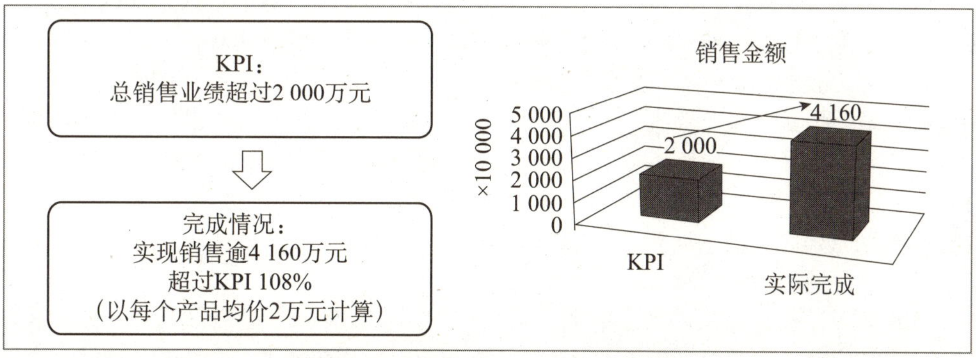

图 5—35 加州大“年”欢新年活动效果

参加活动人次：118 517 人次。

活动页面浏览量：超过 50 万。

加州地图推荐景点浏览量：超过 22 万。

实现销售额：逾 4 160 万元（按照每个旅游产品平均售价 2 万元核算）。

2013 年，中国成为加州境外游客来源的第一市场，占据中国赴美旅游市场份额的 43%。

第三节 “取信于人”全媒体整合广告点评

与前面几种广告不同，“取信于人”的全媒体整合广告是希望通过社会公信平台或知名人物的推荐来提高品牌的知名度与信誉度。但是我们知道，由于在过往出现了太多良莠不齐的媒体推荐与名人广告，因此如果不在形式上创新，不在内容上深耕，这一类广告也很难获得预想的社会效果。所以，在全媒体时代，如何利用全媒体传播技术的优越性整合社会评价并取信于人，既是机遇，也是挑战。

在内容上深耕，本章入选广告案例——GE 走进“凤凰创新网”与别克凯越汽车《说给老家》都是十分优秀的利用媒体资源取信于人的案例。GE 希望扩大在中国的品牌知名度，那么怎么让中国的消费者更加深刻地认识 GE 呢？他们选择了凤凰网，利用凤凰网的社会公信度与内容生产能力，将 GE 的品牌理念与产品信息，转化为消费者关心的话题，单独打造“凤凰网创新频道”，通过弹窗推广，吸引用户阅读并与之互动。节目不同于推销广告，以科技知识型话题为主，更容易潜移默化地影响消费者、教育消费者。别克凯越汽车的案例则是通过凤凰网的《说给》栏目，大打亲情牌。通过邀请 8 位不同籍贯、不同身份、不同年龄的嘉宾讲述他们与老家之间真实的故事，吸引与打动观众。并在栏目中插入别克凯越汽车的植入广告，传播凯越的品牌理念——“平安，不是你一个人的事”。此后，还利用老照片图片等专题以及网友互动留言，促进品牌效应进一步发酵。无论是科技牌还是亲情牌，GE 与别克凯越都做到了利用媒体平台讲述了一个扎实而动人的故事，从而取得了良好的广告效果，达到了预期目标。

除了依靠社会媒体，名人广告也可以利用全媒体技术在内容与形式上加以整合，改头换面。类似于别克凯越利用《说给》栏目讲故事的手法，新蒙迪欧在现实社会中讲述了 6 段名人的故事，邀请了 6 名行业精英分别诠释品牌的六大理念，即“事业有成、生活有品、敢于创新、富于激情、懂得平衡、懂得精彩”。通过名人故事以及 5 场不同风格的落地活动，吸引用户参与并试驾，最终实现了 O2O 整合营销。相比之下，加州旅游的广告策略则是将名人效应与全媒体传播技术相结合，在充分利用社交媒体的过程中，利用明星效应强化内容传播，增加吸引度与信誉度，活动设计环环相扣、层层深入，是难得一遇的优秀案例。

由此可见，全媒体技术为赢取消费者信任的广告提供了“老瓶装新酒”的宝贵机遇。依靠全媒体技术在内容与形式上提升社会评价，增强传播的公信力与影响力，是这一类广告未来的发展趋势。

参考文献

[1]［美］保罗·斯普林格，梅尔·卡森．数字化先锋：广告、营销、搜索和社交媒体领导者的成功案例［M］．北京：机械工业出版社，2014.

[2]［美］乔治·贝尔奇，迈克尔·贝尔奇．广告与促销：整合营销传播视角（第9版）［M］．北京：中国人民大学出版社，2014.

[3] 金力，石洁．广告营销策划经典案例分析（第2版）［M］．北京：北京大学出版社，2014.

[4]［美］肯尼思·E·克洛，唐纳德·巴克．广告、促销与整合营销传播（第5版）［M］．北京：清华大学出版社，2012.

[5] 刘珊．全媒体营销理论及其模型的建构［M］．北京：中国传媒大学出版社，2015.

[6]［英］大卫·佩克顿，阿曼达·布劳德里克．整合营销传播［M］．北京：经济管理出版社，2009.

[7]［英］伊莉莎·威廉姆斯．30支经典广告案例：从创意到实现［M］．北京：北京美术摄影出版社，2014.

[8] 卫军英．整合营销传播典例［M］．杭州：浙江大学出版社，2008.

[9] 肖开宁，潘俊，黄坤．中国优秀广告案例与鉴赏大全［M］．北京：中国经济出版社，2013.

[10]［美］Terence A. Shimp. 整合营销传播：广告、促销与拓展（第7版）［M］．北京：北京大学出版社，2006.

后　记

首次和广告结缘是十年前进入南京大学新闻传播学院广告系学习。那时，我们都是浑身有使不完劲儿的小老虎，在聆听老师们为我们介绍大卫·奥格威的“哈撒韦”衬衫、李奥·贝纳的“万宝路”香烟、伯恩巴克的“甲壳虫”轿车等精彩如战役般的经典案例时，浑身的小宇宙都难以按捺地燃烧起来。于是我们开始如饥似渴地收集、观看国外经典广告案例，并跃跃欲试地模仿、创作。然而，因此而汹涌的内心越是澎湃，面对身边的电视与平面广告就越是失望和迷茫。这种强烈的心理反差所折射出的，既是当时国内外广告发展的差距，又是立志要做广告人的青年学生理想与现实的差距。

十年过去了，中国广告业随着经济的发展与对外开放的深化而发生了翻天覆地的变化。此次在南京大学奥美研究院的资助与郑丽勇教授的帮助下，我有幸获得鉴赏 2014 年虎啸奖优秀广告作品的宝贵机会。在案例整理过程中，我的小宇宙再次燃烧起来。这一次，除了为广告创意艺术而尖叫，更多的是发现国内广告人愈发懂得科学与理性地做广告，在利用新媒体技术、贴近市场、整合关系、打动消费者等一系列战役中表现得游刃有余。欣喜之余，我觉得非常有必要将这些优秀案例分享出来，让更多的师友、同学来品鉴。正如乔治·葛里宾所说，虽然我不能告诉你一个“怎样来写广告”的典范，可是在你做好一个广告之后，我绝对能告诉你一个要“怎样做”的典范。

本书的编著出版，特别需要衷心感谢郑丽勇教授。如果没有他的提议与勉励，没有他提供的案例信息与悉心指导，我是万难完成的。同时，要衷心感谢杜骏飞教授对我这样的青年教师的殷切关注与大力支持。还要感谢南京大学广告系的所有老师多年来用心播撒在学生身上的温暖与培育，潜移默化，润物无声。在本书成书的过程中，我正好迎来了生命中最最重要的小人物——犬子澎澎。因为他的到来，让我忙碌而不觉辛苦，知难而更努力！也要感谢这一路上照顾我们母子的我家先生，爸爸妈妈以及公公婆婆，你们辛苦了！

朱江丽

2016 年 3 月 29 日于南京

图书在版编目（CIP）数据

全媒体整合广告策略与案例分析/朱江丽编著. —北京：中国人民大学出版社，2016. 8
ISBN 978-7-300-23014-6

Ⅰ. ①全… Ⅱ. ①朱… Ⅲ. ①传播媒介-广告-研究 Ⅳ. ①F713. 8

中国版本图书馆 CIP 数据核字（2016）第 140196 号

南京大学奥美文创丛书
全媒体整合广告策略与案例分析
朱江丽 编著
Quanmeiti Zhenghe Guanggao Celüe yu Anli Fenxi

出版发行	中国人民大学出版社		
社　　址	北京中关村大街 31 号	**邮政编码**	100080
电　　话	010－62511242（总编室）		010－62511770（质管部）
	010－82501766（邮购部）		010－62514148（门市部）
	010－62515195（发行公司）		010－62515275（盗版举报）
网　　址	http://www.crup.com.cn		
	http://www.ttrnet.com(人大教研网)		
经　　销	新华书店		
印　　刷	北京玺诚印务有限公司		
规　　格	185 mm×260 mm　16 开本	**版　　次**	2016 年 8 月第 1 版
印　　张	10 插页 1	**印　　次**	2018 年 7 月第 4 次印刷
字　　数	228 000	**定　　价**	25.00 元